**ERNST & YOUNG**
Quality In Everything We Do

# 業種,組織形態等に特有な会計と税務

新日本有限責任監査法人
新日本アーンスト アンド ヤング税理士法人 編

税務経理協会

## 本書の発刊にあたって

　わが国の産業は，明治維新以後の国家近代化のための鉄や化学などの素材産業にはじまり，戦後の経済発展による国土開発に伴い，不動産業，建設業，運輸業などが発展してきました。その後も，技術力の向上に伴って産業製品，自動車，電器などの輸出産業が発展していきました。所得の増加によって中産階級が増加し，生活の質が向上してきたのに合わせて様々な消費財が生まれるとともに，ライフスタイルが多様化し消費者ニーズもますます多様化しています。また，コンピュータの開発・進化によってＩＴ産業や娯楽産業も広がりを見せ，産業のソフト化も進んでいます。このような経済の発展や消費者のニーズの多様化に対応して，現在も様々なビジネスモデルが生まれ続けており業種・業態も多様化しています。

　一方で，会計基準については1990年代の会計ビッグバンを経て，現在も会計基準のコンバージェンスにより様々な会計基準が新設されており，会計基準はますます複雑化しています。また，今後はわが国へのＩＦＲＳの導入も予想されています。わが国の企業会計は永く税務会計の詳細規定を一定の条件のもとで容認していましたが，会計基準の改定に伴って会計処理と税務上の取扱いに差異が見られるようになってきました。

　このような流れの中では，企業の会計処理においては，形式的かつ一律の会計処理ではなく，取引や契約内容の実態に即した会計処理及び開示が求められております。そして，適切な会計処理を行うためには，その前提として企業のビジネスモデル，商慣行や取引実態を適切に理解することが不可欠となっています。

　弊法人ではこれらを踏まえて，クライアントのビジネスを理解し，適切な監査業務・アドバイザリー業務を行えるよう，業種に特有な会計処理等について調査・研究するための『業種別研究会』を設けて，業種に特有な商慣行，会計処理，監査手法等に関するナレッジを蓄積するとともに情報発信を行っていま

す。本書はその成果の一つとして，主に業種別研究会やグループ会社のメンバーが，雑誌『税経通信』に連載したものに，加筆修正して1冊にとりまとめたものです。本書では，詳細な業種区分にとらわれず，複数の業種に共通する取引事象に関する会計処理及び税務の論点を取り上げて解説しています。

　本書が，読者の皆様における会計及び税務実務の一助となればこれに勝る喜びはありません。

　最後に，本書の発刊にあたって貴重なご助言・ご尽力をいただきました株式会社税務経理協会の堀井裕一氏，新堀博子氏に心より感謝の意を表します。

2010年10月

新日本有限責任監査法人

理事長　加藤義孝

## 本書の利用にあたって

　本書「業種，組織形態等に特有な会計と税務」は，『税経通信』の2009年2月号から15回にわたって連載していた「業種に特有の会計処理と税務」をアップデートし，取りまとめるとともに，一部追加執筆し充実させたものです。
　業種別の会計処理や税務処理については，業種ごとに区切って解説するケースがほとんどであると思いますが，本書の特徴としては，比較的新しい会計上・税務上の論点についての論点別の解説を中心としつつ，当該論点がどのような業種に影響するのかについて，論点を業種と関連付けているところにあります。
　関連付けについては，各論点の冒頭において，この論点は，主にこのような業種に影響を与えると考えられると明示しており，その部分を見ていただければ，論点と主な影響を受ける業種がどのような業種であるのかを理解していただけるでしょう。
　第1章「組織形態や運営形態に特有の会計と税務」においては，わが国において近年話題となっている持株会社について説明するとともに，わが国では，海外進出が著しい企業も少なくないため，海外進出を巡る会計と税務については会計と税務に分けて解説しています。また，不動産や債権の流動化に関連して連結会計上の取り扱いが話題になっているＳＰＣの特徴について解説しています。
　第2章「最近注目されている引当金の会計と税務」においては，引当金の総論と業種に特有な引当金に関する会計処理と税務上の取り扱いを概観するとともに，従来からの会計慣行として確立されている引当金以外の最近計上が必要とされるようになってきた引当金について解説しています。
　第3章「特定業種に特有な会計と税務」においては，収益認識について総論と業種別の会計処理と税務を概観するとともに，流通業，不動産販売業，銀行業における最近の動向も含めて特徴的な部分について解説しています。

そして、第4章の「科目に特有の会計と税務」においては、わが国の多くの産業において活用されており、取引形態も様々で一様ではない金型取引について概説するとともに、わが国の会計基準と国際財務報告基準（いわゆるIFRS、IAS）との会計基準のコンバージェンスの中での新しいわが国の会計基準に関連した論点である投資不動産、資産除去債務について解説しています。

本書を活用することによって、近年の会計・税務実務においてどのような事項が論点となっているのか、どのような対応をしているのか、また、新しい会計基準での取扱いはどのようになっているのか、どのような課題があるのか等について、把握し、理解していただけるものと考えています。

また、本書は、その業種や業態そして論点となっている項目の実務に精通した公認会計士により分かりやすく執筆されており、実務に際して、役立つものであることを期待しております。なお、本書において意見にわたる部分は執筆者の私見であることをお断りしておきます。

編集者代表

成田智弘

三橋　敏

執筆者一覧（五十音順）

新日本有限責任監査法人

　安達哲也、井澤依子、石渡朋徳、小栗一徳、加藤秀満、小宮正俊、坂本融、
　菅野貴弘、鈴木裕司、関浩一郎、田口寛之、成田礼子、成田智弘、南波秀哉、
　三橋敏、山田大介、湯本純久

新日本アーンスト アンド ヤング税理士法人

　佐藤雅弘、山本恭司

## 凡　例

| 法　令　規　則　等　の　名　称 | 本　文　中 | 文末等括弧内 |
|---|---|---|
| 私的独占の禁止及び公正取引の確保に関する法律 | 独占禁止法 | 独占禁止法 |
| 貸金業の規制等に関する法律 | 貸金業規制法 | 同左 |
| 貸金業の規制等に関する法律等の一部を改正する法律 | 貸金業法 | 同左 |
| 法人税法 | 法人税法 | 法法 |
| 法人税法施行令 | 法人税法施行令 | 法令 |
| 法人税法基本通達 | 法人税基本通達 | 法基 |
| 租税特別措置法 | 租税特別措置法 | 措法 |
| 消費税法 | 消費税法 | 消法 |
| 連結納税基本通達 | 連結納税基本通達 | 連納基 |
| 所得税法施行令 | 所得税法施行令 | 所令 |
| 所得税法基本通達 | 所得税基本通達 | 所基 |
| 企業会計基準第7号「事業分離等に関する会計基準」 | 事業分離等会計基準 | 同左 |
| 企業会計基準第9号「棚卸資産の評価に関する会計基準」 | 棚卸資産評価基準 | 同左 |
| 企業会計基準第10号「金融商品に関する会計基準」平成20年3月10日付改正 | 改正企業会計基準第10号 | 同左 |
| 企業会計基準第20号「賃貸等不動産の時価等の開示に関する会計基準」 | 賃貸等会計基準 | 同左 |
| 企業会計基準第21号「企業結合に関する会計基準」 | 企業結合会計基準 | 同左 |
| 企業会計基準適用指針第10号「企業結合会計基準及び事業分離等会計基準に関する適用指針 | 企業結合等適用指針 | 同左 |
| 企業会計基準適用指針第19号「金融商品の時価等の開示に関する適用指針」 | 適用指針第19号 | 同左 |
| 企業会計基準適用指針第23号「賃貸等不動産の時価等の開示に関する適用指針」 | 賃貸等適用指針 | 同左 |
| 「収益認識に関する論点の整理」企業会計基準委員会 | 論点整理 | 同左 |
| 実務対応報告第18号「連結財務諸表作成における在外子会社の会計処理に関する当面の取扱い」 | 実務対応報告第18号 | 同左 |

| | | |
|---|---|---|
| 実務対応報告第24号「持分法適用関連会社の会計処理に関する当面の取扱い」 | 実務対応報告第24号 | 同左 |
| 監査・保証実務委員会報告第42号「租税特別措置法上の準備金及び特別法上の引当金又は準備金並びに役員退職慰労引当金に関する監査上の取扱い」日本公認会計士協会（平成19年4月13日改正） | 監委第42号 | 同左 |
| 監査・保証実務委員会報告第69号「販売用不動産の評価に関する監査上の取扱い」日本公認会計士協会 | 監委第69号 | 同左 |
| 業種別委員会報告第37号「消費者金融会社等の利息返還請求による損失に係る引当金の計上に関する監査上の取扱い」日本公認会計士協会 | 業種別委員会報告第37号 | 同左 |
| 会計制度委員会報告第14号「金融商品会計に関する実務指針」 | 会制第14号 | 同左 |
| 会計制度委員会報告第15号「特別目的会社を活用した不動産の流動化に係る譲渡人の会計処理に関する実務指針」 | 流動化実務指針 | 同左 |
| 会計制度委員会研究報告第13号「我が国の収益認識に関する研究報告（中間報告）－IAS第18号「収益」に照らした考察」日本公認会計士協会 | 研究報告 | 同左 |
| リサーチ・センター審理情報No.24「貸金業の規制等に関する法律」のみなし弁済規定の適用に係る最高裁判決を踏まえた消費者金融会社等における監査上の留意事項について　日本公認会計士協会 | 審理情報No.24 | 同左 |
| 国際会計基準（IAS） | IAS | 同左 |
| 解釈指針委員会（SIC） | SIC | 同左 |
| 国際財務報告基準（IFRS） | IFRS | 同左 |
| 国際財務報告基準解釈指針解釈指針委員会（IFRIC） | IFRIC | 同左 |
| 米国会計基準（FAS） | FAS | 同左 |

# 目　次

本書の発刊にあたって
本書の利用にあたって
凡例

## 第1章　組織形態や運営形態に特有の会計と税務

《本章の概要》 ……………………………………………………………… 2

### 第1節　組織再編の会計処理と税務 ……………………………… 4
1　組織再編の会計処理 ……………………………………………… 4
2　組織再編税制の概要 ……………………………………………… 16
3　共通支配下の取引等における会計上の留意事項 ……………… 21
4　共通支配下の取引等における会計上の留意事項 ……………… 23
5　無対価合併 ………………………………………………………… 25

### 第2節　持株会社の会計処理と税務 ……………………………… 28
1　持株会社とは ……………………………………………………… 28
2　持株会社への移行時における留意点 …………………………… 29
3　持株会社運営時の会計上及び税務上の留意点 ………………… 34

### 第3節　海外子会社のある会社に特有の会計処理 ……………… 41
1　特色的な会計処理 ………………………………………………… 41
2　まとめ ……………………………………………………………… 53

### 第4節　海外子会社のある会社に特有の税務
　　　　　－法人税申告書別表十七㈣に基づく移転価格税制の実務的解説－ … 55
1　移転価格税制への対処の重要性 ………………………………… 55

2　移転価格税制と法人税申告書「国外関連者に関する明細書」
　　　　（別表十七㈣）……………………………………………………… 56
　　3　別表十七㈣に基づく移転価格税制の実務的解説 ………………… 57
　　4　タックス・ヘイブン対策税制との適用関係 ……………………… 71
　　5　まとめ（移転価格税制の特質）…………………………………… 71

## 第5節　SPCを利用した取引の会計処理と税務 ……… 73
　　1　SPCとは …………………………………………………………… 74
　　2　SPCを利用した流動化取引の会計処理 ………………………… 76
　　3　SPCを利用した流動化取引にあたっての税務上の留意点 ……… 81
　　4　連結財務諸表における特別目的会社の取扱い等に関する
　　　　論点整理と国際動向 ……………………………………………… 82

# 第2章　最近注目されている引当金の会計と税務

　《本章の概要》………………………………………………………………… 86

## 第1節　業種別の引当金に関する会計処理と税務 ……… 87
　　1　会計上の引当金（企業会計原則注解18）………………………… 87
　　2　税務上の引当金 …………………………………………………… 88
　　3　一般的に業種との関連性が薄い引当金 ………………………… 88
　　4　業種の特徴と関連のある引当金 ………………………………… 89
　　5　引当金に関する今後の動向 ……………………………………… 92

## 第2節　負債計上を中止した項目に係る
　　　　　引当金の会計処理と税務 ……………………………… 94
　　1　負債計上を中止した項目とは …………………………………… 95
　　2　負債計上を中止した項目に係る引当金 ………………………… 99
　　3　負債計上を中止した項目に係る引当金の実際の例 …………… 102
　　4　負債計上を中止した項目に係る引当金を計上する際の検討事項 … 103

## 第3節　ポイント引当金の会計処理と税務 …………… 106
1　ポイント制度の概要 ……………………………… 106
2　ポイント引当金の会計処理 ……………………… 107
3　税務上の取扱い …………………………………… 113
4　国際財務報告基準（ＩＦＲＳ）における取扱い …… 115

## 第4節　利息返還損失引当金の会計処理と税務 ………… 118
1　利息返還額の返還方法 …………………………… 119
2　利息返還損失引当金の対象 ……………………… 120
3　利息返還損失引当金の計算方法 ………………… 121
4　利息返還損失引当金の会計処理 ………………… 125
5　利息返還損失引当金の税務上の取扱い ………… 127

# 第3章　特定業種に特有な会計と税務

《本章の概要》 ………………………………………… 130

## 第1節　商社・卸売業に特有の会計処理と税務 ………… 131
1　財務報告面の特徴 ………………………………… 132
2　収益認識 …………………………………………… 133
3　収益測定 …………………………………………… 138
4　輸入取引 …………………………………………… 140
5　税務上の留意点 …………………………………… 142

## 第2節　不動産販売業の会計処理と税務 ………………… 147
1　棚卸資産としての販売用不動産 ………………… 147
2　販売用不動産の取得価額 ………………………… 148
3　販売用不動産の評価 ……………………………… 149
4　販売用不動産の保有目的の変更 ………………… 153
5　不動産販売の収益認識 …………………………… 154

|   |   |   |
|---|---|---|
| | 6 | 原価配分 …………………………………………………………… 156 |
| | 7 | 不動産販売に係る消費税 ………………………………………… 157 |
| | 8 | 販売費用の会計処理 ……………………………………………… 158 |
| | 9 | まとめ ……………………………………………………………… 159 |

## 第3節　銀行業における金融商品の全面時価開示のための実務対応 …………………………………………… 161

1 制度の概要 ………………………………………………………… 161
2 時価とは …………………………………………………………… 164
3 金融商品の時価開示に関する実務フロー ……………………… 165
4 時価開示項目の決定 ……………………………………………… 166
5 簡便法の適用範囲の決定 ………………………………………… 166
6 評価技法の決定 …………………………………………………… 173
7 グルーピング ……………………………………………………… 174
8 時価評価にあたっての課題 ……………………………………… 175
9 まとめ ……………………………………………………………… 177

## 第4節　長期請負工事契約に係る会計処理と税務 ………… 178

1 長期請負工事契約に係る会計処理の取扱い …………………… 179
2 長期請負工事契約に係る税務上の取扱い ……………………… 186

# 第4章　科目に特有の会計と税務

《本章の概要》……………………………………………………………… 192

## 第1節　業種別の収益認識に関する会計処理と税務 ……… 194

1 収益 ………………………………………………………………… 194
2 収益認識(実現主義の原則)(いつ) …………………………… 195
3 物品の販売 ………………………………………………………… 196
4 役務の提供 ………………………………………………………… 200

|  |  |  |
|---|---|---|
| 5 | 企業資産の第三者による利用 | 203 |
| 6 | 受取利息の会計処理 | 204 |
| 7 | 収益認識単位（どの単位で） | 205 |
| 8 | 総額表示と純額表示（いくらで） | 205 |
| 9 | 売上控除項目 | 206 |
| 10 | 収益に関する開示 | 208 |
| 11 | 収益認識に関する今後の動向 | 209 |

## 第2節　金型等の会計処理と税務 …… 211

| 1 | 金型の会計処理等 | 212 |
|---|---|---|
| 2 | 金型補償の処理 | 220 |

## 第3節　賃貸用不動産の会計処理と税務 …… 224

| 1 | 賃貸用不動産の概念整理 | 224 |
|---|---|---|
| 2 | 取得時の会計処理と税務 | 225 |
| 3 | 評価に係る会計処理と税務 | 227 |
| 4 | 収益計上の会計処理と税務 | 228 |
| 5 | 財務諸表等規則における投資不動産 | 231 |
| 6 | 開示 | 232 |
| 7 | 賃貸等不動産の時価開示基準とIAS第40号の相違 | 234 |

## 第4節　資産除去債務の会計処理と税務 …… 237

| 1 | 資産除去債務とは | 237 |
|---|---|---|
| 2 | 従来から資産除去債務を引当金で計上してきた会計処理の例 | 238 |
| 3 | 資産除去債務に関する会計処理と税務の概要 | 239 |
| 4 | 適用初年度の扱い | 242 |
| 5 | 具体的な資産除去債務の会計処理 | 243 |
| 6 | 建物等賃借契約に関連して敷金を支出している場合の処理 | 245 |
| 7 | 資産除去債務の注記例 | 246 |
| 8 | IFRSとの相違内容 | 248 |

9　適用初年度の会計処理 ……………………………………………… 248

# 第1章

# 組織形態や運営形態に特有の会計と税務

≪**本章の概要**≫

　わが国の企業においては，製品別，地域別などに設置された組織として，基本的に製品開発から製造，販売，管理に至るすべての機能を有する組織制度である事業部制を採用している企業が少なくないといわれています。一般的には，ある程度の規模を有する企業に有効であるといわれていますが，わが国においては，中小規模の企業においても分権化組織として採用されています。また，事業部制に，投資権限や人事権限を与えて，より独立企業に近い体制とする組織制度であるカンパニー制度を採用する企業もあります。

　近年においては，さらに独立性を高め，カンパニー制を完全な独立企業とし，各会社の株式を保有し，これらを統括する会社を設ける組織制度である持株会社を採用する企業も増えてきています。

　これらの組織形態のうち，事業部制，カンパニー制は社内管理や社内取引などの内部管理が主な課題とされますが，独立企業である持株会社形態の企業グループにとっては，個々の企業の課題，企業グループ上の課題も生じており，関連する会計上，税務上の課題も少なくありません。

　また，わが国の企業の特徴として，中小規模の企業であっても親会社や取引先の海外進出に伴って海外進出しているケースも少なくなく海外展開している企業の会計上，税務上の課題も多くなっています。

　これらのわが国の企業形態の特徴から，本章においては，持株会社の会計上，税務上の取扱い，海外進出に伴う会計上，税務上の課題について説明します。

　さらに，最近，連結との関連で話題となっているＳＰＣについても説明します。

　主な業種・組織形態との関連は次のとおりです。

| 本章の項目 | 関連する業種・組織形態 |
|---|---|
| 1　組織再編の会計処理と税務 | 組織再編の多い会社 |
| 2　持株会社に特有の会計処理と税務 | 持株会社形態の企業グループ，持株会社形態に移行しようとしている会社，グループ企業など |
| 3　海外子会社のある会社に特有の会計処理 | 海外展開している会社 |
| 4　海外子会社のある会社に特有の税務（移転価格税制） | 海外展開している会社 |
| 5　ＳＰＣを利用した取引の会計処理と税務 | 業種を問わないが，主に不動産業，金融業など，ＳＰＣの設立を考えている会社など |

# 第1節　組織再編の会計処理と税務

　本節では，近年整備された組織再編に関する会計処理と税制について概説します。組織再編に関する制度は，企業における買収や再編の活発化に伴って整備され，特に近年では連結グループ全体での事業の選択と集中，効率的な経営等を行うためのグループ内部での再編も増加しています。そのため，本節では，前半で組織再編に係る全体的な制度の解説をしたうえで，後半部分ではグループ会社の組織再編の中で特に近年増加している100％親子会社間及び100％子会社同士（兄弟会社）の吸収合併を例にとり，会計及び税務に係る実務上の留意事項を解説しています。

## 1　組織再編の会計処理

### 1　適用される会計基準

　組織再編の会計処理を規定する会計基準として適用される主なものは，以下のとおりです。

　企業結合会計基準では，企業結合を行う会社の結合時点での会計処理を規定する一方で，事業分離等会計基準では，会社分割や事業譲渡などの場合における事業を分離する側の企業（分離元企業）の会計処理や，合併や株式交換などの企業結合における結合当事企業の株主に係る会計処理などを規定しています。

　両基準の関係は，企業結合会計基準がある会社が企業結合の取引を行った際の会計処理を規定する一方，事業分離等会計基準が結合企業と対峙する関係にある事業等を分離する会社や分離元の株主及び結合企業の株主に対する会計処理を規定するものです。

　適用指針は両基準の詳細を規定したものであり，企業結合が行われた場合の

図表1－1　組織再編を規定する会計基準

|  | 結合先 | 分離元 |
|---|---|---|
| 会計基準 | 企業結合に関する会計基準<br>（以下，企業結合会計基準） | 事業分離等に関する会計基準<br>（以下，事業分離等会計基準） |
| 実務指針 | 企業結合会計基準及び事業分離等会計基準に関する適用指針<br>（以下，企業結合等適用指針） ||

関係者の会計処理は両基準及び適用指針に基づいて行われることになります。

## 2　企業結合会計基準の概要

　企業結合とは，ある企業又はある企業を構成する事業と他の企業又は他の企業を構成する事業が一つの報告単位に統合されることをいいます。企業結合会計基準においては，下記の3つの類型に分けて会計処理を定めています。

図表1－2　企業結合会計基準の概要

|  | 取　得 | 共同支配企業の形成 | 共通支配下の取引等 |
|---|---|---|---|
| 定　義 | ある企業が他の企業又は企業を構成する事業に対する支配を獲得することをいう。右記の共同支配企業の形成及び共通支配下の取引等以外の企業結合は取得となる。 | 複数の独立した企業が契約等に基づき，当該共同支配企業を形成する企業結合をいう。 | 結合当事企業（又は事業）のすべてが，企業結合の前後で同一の株主により最終的に支配され，かつ，その支配が一時的ではない場合の企業結合をいう。 |
| 事　例 | 上場企業による他の上場企業の買収 | 共同研究開発を行う際の合弁会社の設立 | 親子会社，兄弟会社間での合併 |
| 受入資産及び負債の測定 | 識別可能な資産・負債を企業結合日の時価を基礎として評価し，取得原価との差額をのれんとする。 | 原則として適正な帳簿価額 | 原則として適正な帳簿価額* |

\*　親会社と子会社が企業結合する場合において，子会社の資産及び負債の帳簿価額を連結上修正しているときは，親会社が作成する個別財務諸表においては，連結財務諸表上の金額である修正後の帳簿価額により計上する。

## ❶ 取　　得

　企業結合はその実態に則して，パーチェス法（被結合企業から受け入れる資産及び負債の取得原価を，対価として交付する現金及び株式等の時価とする方法），持分プーリング法（すべての結合当事企業の資産，負債及び資本を，それぞれの適切な帳簿価額で引き継ぐ方法），フレッシュスタート法（すべての結合当事企業の資産及び負債を企業結合時の時価に評価替えする方法）の会計処理があるものと考えられています。従来は上記の3つのうち，パーチェス法を原則としながらも，一定の要件を満たした場合には持分プーリング法も認めていました。しかし，平成20年12月26日の基準の改定によって国際的な会計基準とのコンバージェンスの観点から持分プーリング法を廃止して，パーチェス法に会計処理を一本化しています（フレッシュスタート法は改定の際に採用を検討したとのことでしたが，従来及び現行基準でも採用されていません。）。

　取得の会計処理は，(a)取得企業の決定，(b)取得原価の算定，(c)取得原価の配分，(d)のれんの計上という一連の処理を行うことになります。

(a)　取得企業の決定

　　取得とされた企業結合においては，いずれかの結合当事企業を取得企業として決定します。この取得企業の決定にあたっては，いずれの企業が他方の企業又は事業を支配したのかによって決定されます。この支配の概念は「連結財務諸表に関する会計基準」における企業の意思決定機関を支配するという考え方を用いています（詳細については，「連結財務諸表に関する会計基準」，「連結財務諸表における子会社及び関連会社の範囲の決定に関する適用指針」及び「連結財務諸表制度における子会社及び関連会社の範囲の見直しに係る具体的な取扱い」を参照して下さい。）。しかしながら，支配の概念は抽象的であり，上記の検討のみでは取得企業が明確にならない場合も想定されることから，企業結合会計基準では判断要素として，以下の4つを挙げています。

> - 通常，現金若しくは他の資産を引き渡す又は負債を引き受ける企業が取得企業
> - 対価として株式を交付する形態の企業結合では，株式を交付する企業が取得企業
> - 相対的な規模（総資産，売上等）が著しく大きい企業が取得企業
> - 結合当事企業が3社以上である場合，いずれの企業がその企業結合を最初に提案したか。

　なお，取得企業の決定の際には，必ずしも株式を交付した企業が取得企業とならないときもあるため（逆取得），その判断には，結合後の株主の構成，取締役会の構成，株式の交換条件などを考慮する必要があります。

(b) 取得原価の算定

　企業結合における取得原価は，原則として，取得の対価となる財の企業結合日における時価で算定します。支払対価が現金以外の資産の引き渡し等である場合には，支払対価と被取得企業又は事業の時価のうち，より高い信頼性をもって測定可能な時価で算定します。

　なお，企業結合に直接要した支出額のうち，取得の対価性が認められる外部のアドバイザー等に支払った特定の報酬・手数料等は取得原価に含め，それ以外は発生時の事業年度の費用として処理します。

(c) 取得原価の配分

　取得原価は，被取得企業から受け入れた資産及び引き受けた負債のうち企業結合日時点において識別可能なもの（識別可能資産及び負債）の企業結合日時点の時価を基礎として配分します。

　図表1－3のように被結合企業の資産及び負債を原則として企業結合日の時価で評価したうえで，被結合企業で結合前は認識していない法律上の権利等分離して譲渡可能な無形資産が含まれる場合には，当該無形資産に取得原価を配分して認識します。この無形資産には一定の要件を満たした被結合企業の研究開発の途中段階の成果である仕掛研究開発費や優良な顧客を有する

図表1－3　取得原価の配分のイメージ

（被結合企業のB／S簿価）　　　（被結合企業のB／S時価）

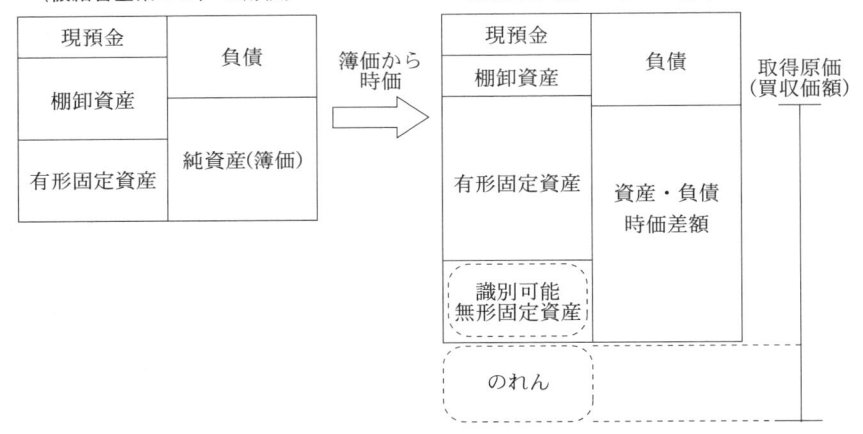

場合の顧客名簿などがあります。

　識別可能資産及び負債に配分してもさらに残る部分については，のれんとして配分します。

　なお，例えば企業再編後に予定されているリストラクチャリング費用等取得後に発生することが予測される特定の事象に対応した費用又は損失であって，その発生の可能性が取得の対価の算定に反映されている場合には，負債（企業結合に係る特別勘定）として認識します。

(d)　のれんの会計処理

　のれんは，重要性が乏しい場合を除き，資産に計上し，20年以内のその効果の及ぶ期間にわたって，定額法その他の合理的な方法により規則的に償却を行います。一方で負ののれんが生じる場合には，再度識別可能資産又は負債がすべて認識されているか及び取得原価の算定が適切であったかを検討し，それでもなお負ののれんが生じる場合には当該負ののれんが生じた事業年度の特別利益として処理します。

## ❷ 共同支配企業の形成

　共同支配企業は提携による共同研究を行う際に設立される事業体等が考えられ，いずれの共同支配投資企業も当該事業体等に対する支配を得たとは判断されないものです。共同支配企業の形成と判断された場合には，共同支配投資企業から共同支配企業に移転する資産及び負債を，移転直前に共同支配投資企業において付されていた適正な帳簿価額により計上します。

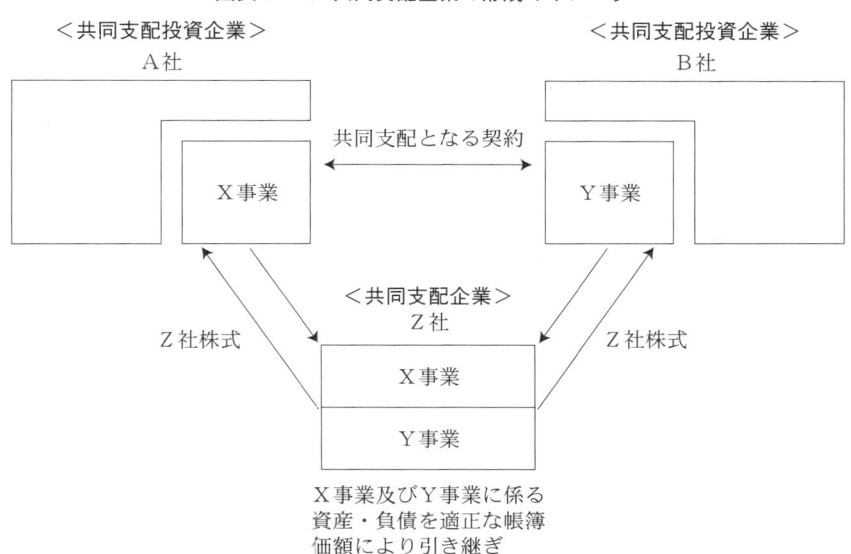

図表1－4　共同支配企業の形成のイメージ

```
<共同支配投資企業>                           <共同支配投資企業>
    A社                                          B社
    ┌──────┐                              ┌──────┐
    │      ┌───┐   共同支配となる契約    ┌───┐      │
    │      │X事業│ ←──────────→ │Y事業│      │
    │      └───┘                         └───┘      │
    └──────┘                              └──────┘
          ↑ ↘                              ↙ ↑
    Z社株式    ↘    <共同支配企業>    ↙    Z社株式
                      Z社
                  ┌──────┐
                  │ X事業     │
                  ├──────┤
                  │ Y事業     │
                  └──────┘
              X事業及びY事業に係る
              資産・負債を適正な帳簿
              価額により引き継ぎ
```

　共同支配企業の形成か否かについては以下のフローチャートに基づいて判定を行います。

図表1－5　共同支配企業の形成の判定

```
            ┌──────────────────┐   No
            │   企業結合か      ├──────→ 本フローチャートの対象外
            └────────┬─────────┘
                     │ Yes
                     ▼
```

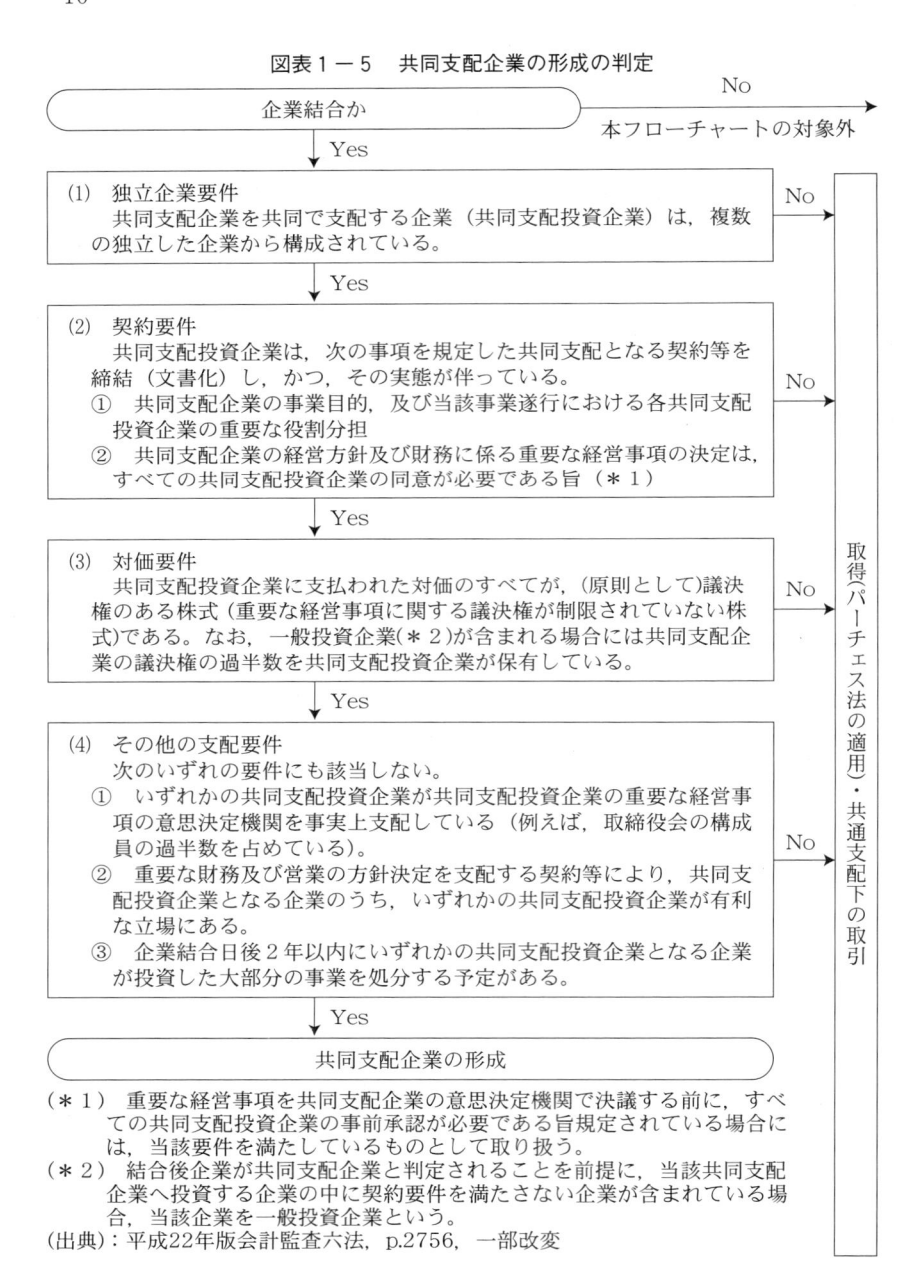

(1) **独立企業要件**
　　共同支配企業を共同で支配する企業（共同支配投資企業）は，複数の独立した企業から構成されている。

　　　　　　　　│ Yes　　　　　　　　　　　　　　　　　No →
　　　　　　　　▼

(2) **契約要件**
　　共同支配投資企業は，次の事項を規定した共同支配となる契約等を締結（文書化）し，かつ，その実態が伴っている。
　①　共同支配企業の事業目的，及び当該事業遂行における各共同支配投資企業の重要な役割分担
　②　共同支配企業の経営方針及び財務に係る重要な経営事項の決定は，すべての共同支配投資企業の同意が必要である旨（＊１）

　　　　　　　　│ Yes　　　　　　　　　　　　　　　　　No →
　　　　　　　　▼

(3) **対価要件**
　　共同支配投資企業に支払われた対価のすべてが，（原則として）議決権のある株式（重要な経営事項に関する議決権が制限されていない株式）である。なお，一般投資企業（＊２）が含まれる場合には共同支配企業の議決権の過半数を共同支配投資企業が保有している。

　　　　　　　　│ Yes　　　　　　　　　　　　　　　　　No →
　　　　　　　　▼

(4) **その他の支配要件**
　　次のいずれの要件にも該当しない。
　①　いずれかの共同支配投資企業が共同支配投資企業の重要な経営事項の意思決定機関を事実上支配している（例えば，取締役会の構成員の過半数を占めている）。
　②　重要な財務及び営業の方針決定を支配する契約等により，共同支配企業となる企業のうち，いずれかの共同支配投資企業が有利な立場にある。
　③　企業結合日後２年以内にいずれかの共同支配投資企業となる企業が投資した大部分の事業を処分する予定がある。

　　　　　　　　│ Yes　　　　　　　　　　　　　　　　　No →
　　　　　　　　▼
　　　　　共同支配企業の形成

（No の分岐先）→ 取得（パーチェス法の適用）・共通支配下の取引

（＊１）重要な経営事項を共同支配企業の意思決定機関で決議する前に，すべての共同支配投資企業の事前承認が必要である旨規定されている場合には，当該要件を満たしているものとして取り扱う。
（＊２）結合後企業が共同支配企業と判定されることを前提に，当該共同支配企業へ投資する企業の中に契約要件を満たさない企業が含まれている場合，当該企業を一般投資企業という。
（出典）：平成22年版会計監査六法，p.2756，一部改変

### ❸ 共通支配下の取引等

共通支配下の取引等は，結合当事企業のすべてが，企業結合の前後で同一の株主により最終的に支配され，かつ，その支配が一時的ではない場合の企業結合で，企業集団内の合併，吸収分割等の取引が該当します。企業集団内での内部取引であるので，企業結合の前後で帳簿価額が相違することがないよう，移転する資産及び負債は，原則として，移転直前に付されていた適正な帳簿価額により計上します。

なお，少数株主との取引は，親会社の立場からは外部取引と考えられるため，追加取得する子会社株式の取得原価は，追加取得時における当該株式の時価とその対価となる財の時価のうち，より高い信頼性をもって測定可能な時価で算定します。

## 3 事業分離等会計基準の概要

事業分離等会計基準では事業分離における分離元企業の会計処理や共同支配企業の形成及び共通支配下の取引等以外の企業結合における結合当事企業の株主（被結合企業又は結合企業の株主）に係る会計処理を規定しています。上記以外でもいわゆる分割型分割及び株主が現金以外の財産の分配を受けた場合についても当該基準で会計処理を定めています。ここでは事業分離でよく参照されると考えられる個別財務諸表上の会計処理，連結財務諸表上の会計処理のうち，対価が現金のみである場合，株式のみである場合の分離元企業及び被結合企業の株主の会計処理，結合企業の株主の会計処理を概説します。

### ❶ 事業分離における個別財務諸表上の会計処理の概要

事業分離において事業を移転する企業である分離元企業及び結合当事企業の株主は何らかの対価又は影響を受けることになりますが，各当事者の個別財務諸表上の会計処理では当該事業の移転に伴って発生する対価と移転事業の価値（移転した事業に係る株主資本相当額）との差額を移転損益として認識するか否かが中心的な論点となります。移転損益として認識するか否かは移転した事業に

関する投資が清算されたか否かによって判断されます。

図表1－6　個別財務諸表上の会計処理の概要

|  | 対価の種類 | 移転損益の認識 | 対価の測定 |
|---|---|---|---|
| 投資の清算 | 現金等移転した事業とは明らかに異なる資産 | する | 原則として財の時価* |
| 投資の継続 | 子会社株式，関連会社株式等の株式 | しない | 移転した事業に係る株主資本相当額に基づいて算定 |

\*　子会社同士の企業結合の場合には，共通支配下の取引として移転前に付された適正な帳簿価額で計上する。

　対価が子会社株式，関連会社株式となる場合には，対価である株式を通じて移転した事業に関する投資が引き続き行われており，その投資のリスクから解放されないと考えられるため，個別財務諸表上で移転損益は認識しません。一方で，対価が現金等移転した事業と明らかに異なる資産となる場合には，通常，移転した事業を引き続き行われているものとは考えられないため，個別財務諸表上で移転損益を認識します。ただし，対価が移転事業とは明らかに異なる資産であった場合であっても，引き続き移転事業に分離後も関与する場合には移転損益は認識されません。

## ❷　事業分離における連結財務諸表上の会計処理の概要

(a)　受取対価が現金等の財産のみであった場合

　分離元企業又は被結合企業の株主の受取対価が現金等移転した事業と明らかに異なる資産であった場合には，個別財務諸表上は移転損益を認識します。しかし，移転先が分離元企業又は被結合企業の株主の子会社又は関係会社であった場合には，連結上は内部取引となり，移転損益は未実現損益の消去に準じて処理する必要があります。

(b)　受取対価が分離先企業の株式のみであった場合（分離元企業）

　分離元企業が分離先企業の株式を受け取った場合，持分比率等により分離先企業は分離元企業の子会社や関連会社となる場合があります。この持分比

率の変動による連結上の処理は子会社株式，関連会社株式等それぞれの形態ごとに定めています。

・　分離先企業が子会社となる場合

　　分離元企業の事業が移転されたとみなされる額と，移転した事業に係る分離元企業の持分の減少額との間に生じる差額については，支配獲得後における子会社の時価発行増資等に伴い生じる親会社持分増減額（持分変動損益）として取り扱います。一方で分離先企業に対して投資したとみなされる額とこれに対応する分離先企業の事業分離直前の資本との間に生じる差額

図表1－7　分離元企業の連結処理のイメージ

```
                  ← 分離元企業の持分減少
        ┌──────────┬──────────┐  ┌─────────┐
        │          │          │  │分離元企業│
        │          │ 持分変動 │  │の事業が移│
        │          │  損益    │  │転されたと│
        │          │          │  │みなされる│
        │          │          │  │   額    │
        ├──────────┼──────────┤  └─────────┘
        │          │          │   → 分離事業時価
        │          │分離元企業│
        │          │の持分の  │
        │          │減少額    │
        ├──────────┼──────────┤
        │対応する  │          │
        │事業分離  │          │
        │直前の資本│          │
        ├──────────┤          │   → 分離先企業時価
        │          │          │
        │ のれん   │          │
        │          │          │
┌──────┐├──────────┴──────────┤
│分離先 ││ 分離元持分│ 分離先持分│
│企業に ││          │          │
│対して ││          │          │
│投資し ││          │          │
│たとみ ││          │          │
│なされ ││          │          │
│る額   │└──────────┴──────────┘
└──────┘  → 分離元企業の持分増加
```

については，のれんとして処理します（図表1－7参照）。

　事業分離前に分離元企業は分離先企業の株式をその他有価証券（売買目的有価証券含む）又は関連会社として保有し，企業結合にあたりパーチェス法を適用する場合，分離先企業に対して投資したとみなされる額は，当該保有株式を支配獲得日の時価で評価した額及び分離元企業が追加的に受け取った分離先企業の株式の取得原価の合計額となります。なお，保有株式を支配獲得日の時価と帳簿価額又は持分法評価額との差額は当期の段階損益に係る損益として処理します。

・　分離先企業が関連会社となる場合

　分離先企業の事業が移転されたとみなされる額と，移転した事業に係る分離元企業の持分の減少額との間に生じる差額については持分変動差額として取り扱います。一方，分離先企業に対して投資したとみなされる額と，これに対応する分離先企業の事業分離直前の資本との間に生じる差額については，のれん（相当額）として処理します。

(c)　受取対価が分離先企業の株式のみであった場合（被結合企業の株主）

　被結合企業の株主は事業分離に伴って結合企業の株式を受け取る場合には，通常持分は減少しますが，事業分離前に結合企業の株式を保有すること等によって逆に従来の持分よりも増加する場合もあります。

・　子会社を被結合企業とする企業結合

　子会社を被結合企業とする企業結合により株主の持分が減少する場合には，上記の分離元企業の会計処理と同様の処理を行います。一方で株主の持分が増加する場合には，当該被結合企業の株主としての持分の増加については追加取得に準じて処理を行い，当該結合企業としての持分の減少については，子会社の時価発行増資等における親会社の会計処理に準じて行います。

・　関連会社を被結合企業とする企業結合

　株主の持分比率が減少するが引き続き結合後企業が当該被結合企業の関連会社である場合，被結合企業に対する持分が交換されたとみなされる額

と，これに対応する企業結合直前の結合企業の資本との差額は持分法適用上でののれん（相当額）として処理し，被結合企業の株式が交換されたとみなされる額と，従来の被結合企業に係る被結合企業の株主の持分の減少額との差額は持分変動損益として会計処理を行います。一方で株主の持分が増加する場合で，結合後企業が関連会社となるときは持分法適用会社の株式の追加取得に準じ，子会社となる場合には段階取得により関連会社が連結子会社になった場合における資本手続に準じて会計処理を行います。また，結合企業の株主としての持分の減少については，子会社又は関連会社の時価発行増資等における親会社又は投資会社の会計処理に準じて処理を行います。

(d) 結合企業の株主の会計処理

結合企業の株主は，企業結合において当該結合企業の株式を直接受け取りませんが，持分比率が変動することとなります。

子会社や関連会社を結合企業とする企業結合により，当該結合企業の株主の持分比率が減少する場合，子会社又は関連会社の時価発行増資等における親会社株主の会計処理に準じて処理します。一方，子会社や関連会社以外の投資先を結合企業とする企業結合により，当該結合企業の株主の持分比率が減少する場合（その他有価証券からその他有価証券），結合企業の株主は何も会計処理しません。

結合企業の株主としての持分比率が増加し，結合後企業は当該株主の子会社又は関連会社となる場合は，受取対価が結合企業の株式のみである場合の被結合企業の株主に係る会計処理によります。一方，当該結合企業の株主としての持分比率が増加するものの，結合後企業が引き続き子会社や関連会社以外の投資先である場合（その他有価証券からその他有価証券），結合企業の株主は何も会計処理を行いません。

## 2　組織再編税制の概要

　組織再編税制での中心的な論点は，組織再編当事企業である資産等を移転する会社の譲渡損益と組織再編により対価を受け取る株主の税制上の取扱いになります。

### ❶　法人における課税

　組織再編により資産等を移転する会社（例えば合併における被合併会社）の移転資産の評価及びその損益の処理は合併を例にとった場合に図表1－8のように

図表1－8　税務上の移転資産の評価及び譲渡損益の関係イメージ

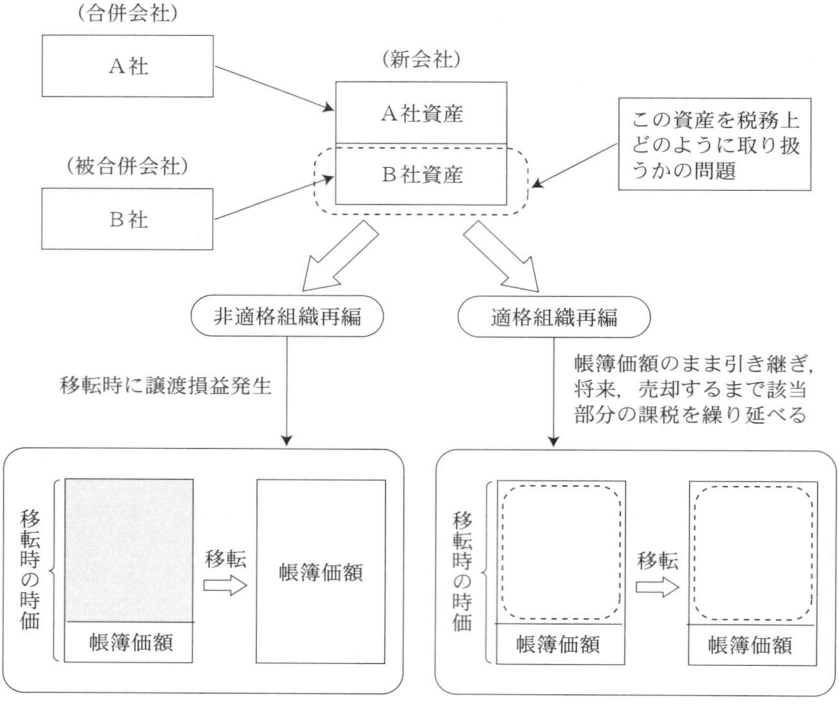

|  | 適格組織再編 | | 非適格組織再編 |
| --- | --- | --- | --- |
|  | 企業グループ内の組織再編 | 共同事業を行うための組織再編 | 左記以外の組織再編 |
| 移転資産の評価 | 移転の時の簿価 | 移転の時の簿価 | 移転の時の時価 |
| 譲渡損益 | 課税の繰延べ | 課税の繰延べ | 移転時に認識 |

なります。

　適格組織再編に該当するか否かの要件については，共通の考え方を持っていますが，その形態の違いから合併，会社分割，株式交換，株式移転等の各組織再編の形態ごとに調整を加えています。ここでは，代表的な例として適格合併に関する要件を示します（図表1－9参照）。

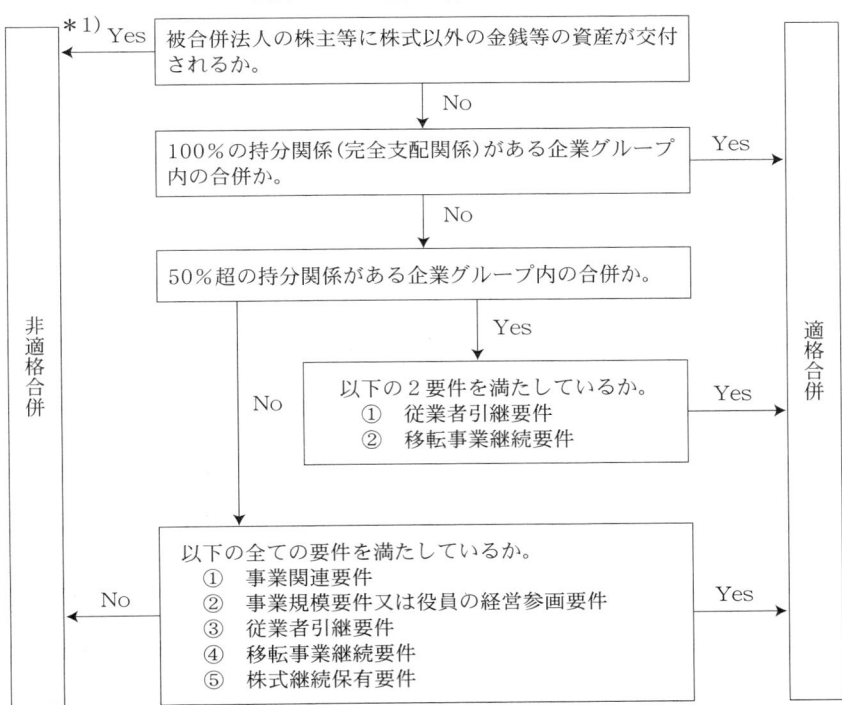

図表1－9　適格合併の判断フロー

```
*1) Yes ← 被合併法人の株主等に株式以外の金銭等の資産が交付されるか。
              ↓ No
         100％の持分関係（完全支配関係）がある企業グループ内の合併か。 → Yes
              ↓ No
         50％超の持分関係がある企業グループ内の合併か。
              ↓ Yes
         以下の2要件を満たしているか。
           ① 従業者引継要件
           ② 移転事業継続要件         → Yes
              ↓ No
         以下の全ての要件を満たしているか。
           ① 事業関連要件
           ② 事業規模要件又は役員の経営参画要件
           ③ 従業者引継要件
           ④ 移転事業継続要件
           ⑤ 株式継続保有要件         → Yes
              ↓ No
         → 非適格合併        適格合併 ←
```

(a) 共通要件

適格合併の要件は企業グループ内の合併と共同事業を行うための合併の場合に分けて規定されています。いずれにも共通の要件として，合併に際して被合併法人の株主等に合併法人又は合併親法人（三角合併の場合）の株式以外の金銭等の交付がないことが必要となります。ただし，以下の場合は金銭等の交付に該当しません。

・　被合併法人の株主等に最終事業年度の配当見合いとして交付する金銭
・　合併反対株主の株式買取請求に対して交付する金銭
・　端数株の売却代金を精算するために株主に交付する金銭

(b) 企業グループ内の合併

＜100％の持分関係＞

合併の前後で被合併法人と合併法人の間に直接又は間接に100％の持分関係がある場合，対価として金銭等の交付がない限りにおいて適格合併になります。

※1）　グループ法人税制の創設により，完全支配関係にある内国法人間で一定の資産（譲渡損益調整資産）の移転を行ったことにより生じた譲渡損益は，グループ外部（完全支配関係の外部）へ移転又は償却等の事実が生じるまで繰り延べられる。この取扱いを完全支配関係にある内国法人の非適格合併にかかる譲渡損益調整資産へ適用する。

100％の持分関係には，親・子会社の関係だけでなく，同一の者に保有される兄弟会社の関係も含まれます（下記50％超100％未満の持分関係も同様）。

＜50％超100％未満の持分関係＞

合併の前後で被合併法人と合併法人の間に直接又は間接に50％超100％未満の持分関係がある場合，対価として金銭等の交付がなく，かつ，以下の2つの要件を満たす場合に適格合併となります。

・　従業者引継要件

被合併法人の従業者の概ね80％以上が，合併後に合併法人の業務に従事することが見込まれる。なお，従業者とは，役員・使用人その他の者で，合併の直前において被合併法人の合併前に営む事業に現に従事する者をい

い，出向者も含みます。
- 移転事業継続要件

  被合併法人の主要な事業が，合併後に合併法人において引き続き営まれることが見込まれる。

(c) 共同事業を行うための合併

合併当事者間の持分関係が50％以下若しくは資本関係がない企業グループを超えた合併であっても，対価として金銭等の交付がなく，かつ，以下の要件を全て満たす場合に適格合併となります。

- 事業関連要件

  被合併法人の主要な事業のいずれかと合併法人のいずれかの事業が相互に関連するものであること。

- 事業規模要件又は役員の経営参画要件

  【事業規模要件】

  被合併法人の事業と合併法人の事業（被合併事業に関連する事業に限る。）の規模の割合が概ね5倍を超えない。

  具体的には，売上金額，従業者数，資本金額もしくはこれらに準ずるものいずれか1つの比率が5倍を超えないことが要件となります。

  【役員の経営参画要件】

  被合併法人の特定役員のいずれかと合併法人の特定役員のいずれかが，合併後に合併法人の特定役員となることが見込まれている。特定役員とは，社長，副社長，代表取締役，代表執行役，専務取締役，もしくは常務取締役又はこれらに準ずる者で，法人の経営に従事している者をいいます。

- 従業者引継要件

  被合併法人の従業者の概ね80％以上が，合併後に合併法人の業務に従事することが見込まれる。

- 移転事業継続要件
  被合併法人の主要な事業が，合併後に合併法人において引き続き営まれることが見込まれる。
- 株式継続保有要件
  被合併法人の株主で，合併により交付を受ける合併法人の株式又は合併親法人の株式（議決権のないものを除く。）の全部を継続して保有することが見込まれる者の保有株式数の合計が，被合併法人の発行済株式等の80％以上である。ただし，被合併法人の株主等の数が50人以上である場合は除かれます。

なお，株式交換では，税制上，非適格株式交換と判断される場合，完全子法人となる法人の株式交換直前に有する特定資産に対して時価評価が適用され，完全子法人に課税関係が発生することに留意する必要があります。なお，前述のグループ法人税制の創設で，完全支配関係にある内国法人の間の非適格株式交換については，非適格株式交換に係る完全子法人等の有する資産の時価評価対象から除外されます。

## ❷ 株主における課税

株主に対する課税の中心はみなし配当課税と株式譲渡損益課税の問題になります。みなし配当課税は組織再編等の行為により株主が金銭やその他の財産の交付を受けた場合，一定の要件に該当すると会社の内部留保等の払い戻しと看做し，株主に課税するものです。また，株式譲渡損益課税は株式を譲渡した際に税務上の簿価と売却価額との差額に対して課税されるものです。

税務上の基本的な発想は，図表1－10のイメージ図になります。

みなし配当課税は税制上の適格組織再編か否かによって決定されます。これは適格組織再編の場合には税務上の資本の構成を変化させませんが，非適格組織再編の場合には資産等を結合日の時価で評価を行い，税務上の留保所得は清算，株主に帰属させたうえで，再投資を行うと考えるため，当該留保所得に対して配当課税を行うものになります。なお，非適格の株式交換・移転について

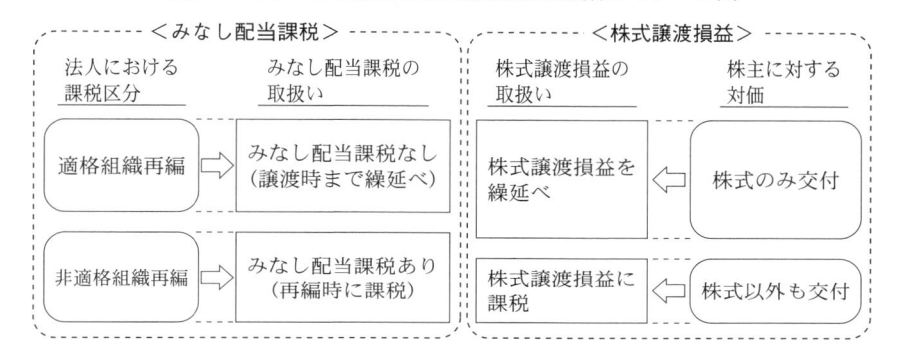

図表１－10　みなし配当と株式譲渡損益の関係のイメージ図

```
＜みなし配当課税＞                          ＜株式譲渡損益＞
法人における    みなし配当課税の      株式譲渡損益の      株主に対する
課税区分       取扱い              取扱い            対価

適格組織再編  →  みなし配当課税なし    株式譲渡損益を   ←  株式のみ交付
                (譲渡時まで繰延べ)    繰延べ

非適格組織再編 →  みなし配当課税あり    株式譲渡損益に   ←  株式以外も交付
                (再編時に課税)       課税
```

はみなし配当課税は生じません。

　一方，株式譲渡損益課税は適格か否かとは切り離し，株主が受領する対価を基準に決定されます。すなわち，税制上非適格組織再編であっても株主に交付される対価が組織再編にかかる株式のみを交付している場合には，株式譲渡損益は繰り延べられます。

## 3　共通支配下の取引等における会計上の留意事項

　100％親子会社間及び100％子会社同士（兄弟会社）の吸収合併は，多くの場合，共通支配下の取引に該当し，受入資産及び負債は原則として適正な帳簿価額で測定されるため，通常，当該取引によって損益は発生しません。

　しかし，共通支配下の取引に該当する100％親子会社間の吸収合併で，抱合せ株式を保有している場合には，会計上の損益が発生することもあるので留意が必要です。

＜抱合せ株式消滅損益＞

　　100％親子会社間の吸収合併における親会社の会計処理は，100％子会社から受け入れる純資産と親会社が保有していた子会社株式（抱合せ株式）の簿価との差額を，抱合せ株式消滅差損益として特別損益に計上します（企業結合等適用指針第206項(2)①ア）。株式消滅差損益を直接利益剰余金に計上せず，損

益に反映させることとしたのは，合併を契機に子会社を通じた事業投資の成果を親会社の個別損益計算書に反映させることが適当だと考えられているためです（企業結合等適用指針第438項）。

また，あくまで抱合せ株式消滅差損益は親会社単体決算上計上されるものであるため，連結決算においては消去の対象となります。すなわち，連結決算上は過年度に認識済みの損益として，過年度の利益剰余金に振替えを行います。

なお，100％子会社同士（兄弟会社）の吸収合併においては，親会社で合併消滅子会社の株式簿価を合併存続子会社の株式簿価へ加算する処理を行います。当然ではありますが100％親子会社間の吸収合併とは異なり，100％子会社同士（兄弟会社）の吸収合併においては親会社が子会社の純資産を受け入れないため抱合せ株式消滅差損益は認識しません。

### 設 例

＜前提条件＞

- P社はS社を出資設立し，P社の出資金額は100で100％子会社であったとする。
- 合併契約において，資本及び資本準備金の増加額をゼロとしたとする（その他資本剰余金で処理する）。
- 親会社P社の個別貸借対照表

| 諸　資　産 | 50 | 資　本　金 | 50 |
|---|---|---|---|
| S　社　株　式 | 100 | 利 益 剰 余 金 | 100 |
| 合　　計 | 150 | 合　　計 | 150 |

- 子会社S社の個別貸借対照表

| 諸　資　産 | 150 | 資　本　金 | 100 |
|---|---|---|---|
|  |  | 利 益 剰 余 金 | 50 |
| 合　　計 | 150 | 合　　計 | 150 |

- S社の諸資産に会計と税務の差異はなく，利益剰余金は税務上の利益積立金と一致しているものとする。

・ 税務上の適格組織再編に該当するものとする。

(仕訳例)
① P社におけるS社の受入仕訳(会計-個別)

| (借) 諸　資　産 | 150 | (貸) S　社　株　式 | 100 |
| | | 抱合せ株式消滅差益 | 50 |

親会社持分(150)と親会社が合併直前に保有していた子会社株式の帳簿価額100の差額を株式消滅差益として特別損益に計上します。なお、連結財務諸表上は子会社Sの利益を過年度で認識しているため、過年度の利益剰余金に振替えを行います。

② P社連結における消去仕訳(会計-連結)

| (借) 抱合せ株式消滅差益 | 50 | (貸) 利益剰余金-期首 | 50 |

③ P社におけるS社の受入仕訳(税務)

| (借) 諸　資　産 | 150 | (貸) S　社　株　式 | 100 |
| | | 利　益　積　立　金 | 50 |

税務上は適格合併の場合には、消滅会社の利益積立金を引き継ぐ処理をします。本設例は適格合併を仮定していますので、S社の利益積立金50を引き継ぎます。

## 4　共通支配下の取引等における税務上の留意事項

100％親子会社間及び100％子会社同士(兄弟会社)の吸収合併は、企業組織再編税制における100％支配関係のある企業グループ内の適格組織再編に係る要件を満たした場合に、支配関係が継続していると捉え、帳簿価額により資産及び負債の移転が認められます。つまり、移転資産は移転の時の簿価で評価されることとなり、移転資産に係る譲渡損益に係る課税は繰り延べられることにな

ります。さらに，吸収合併消滅会社の利益積立金も吸収合併存続会社に全額引き継がれることから，吸収合併消滅会社の株主（親会社）にみなし配当も生じません。

## 1 100％支配関係における適格合併の要件

100％支配関係のある企業グループには，当事者間の完全支配関係がある場合（法令4の2②一）と同一者による完全支配関係がある場合（法令4の2②二）の2つがあります。今回の例で考えると，100％親子会社は当事者間の完全支配関係がある場合に該当し，100％子会社同士（兄弟会社）は同一者による完全支配関係がある場合に該当します。そのため，100％親子会社間及び100％子会社同士（兄弟会社）の吸収合併は，企業組織再編税制における100％支配関係のある企業グループ内の適格組織再編に係る要件を満たした場合に，適格合併と看做されます。

100％親子会社間及び100％子会社同士（兄弟会社）の吸収合併における適格組織再編要件として，まず吸収合併消滅会社の株主に吸収合併存続会社の株式以外の資産が交付されないことを満たす必要があります。次に，株式継続保有要件（法令4の2④五）を満たす必要があるため，親会社が合併時に吸収合併存続会社の株式を継続して保有することを見込んでいることが必要となります。これはあくまで合併時点で継続保有が見込まれていることを求めているのであって，その後の状況変化によって生じた株式譲渡は認められています。ただし，合併を連続して行うことが予定されている場合は留意が必要となります。例えば，100％子会社同士（兄弟会社）の吸収合併が行われたすぐ後に親会社を被合併法人とする合併が行われると，被合併法人となった親会社は消滅して解散することになるため，同一者による完全支配関係が継続されず，結果として100％子会社同士（兄弟会社）の吸収合併における適格要件を満たさず，当該吸収合併が非適格合併となります。しかし，この場合に親会社を被合併法人とする合併が適格合併となる場合は適格要件が緩和され，100％子会社同士（兄弟会社）の吸収合併も適格合併に該当する可能性があります。

## 2　繰越欠損金の引継ぎ

　100％親子会社間及び100％子会社同士（兄弟会社）の吸収合併が適格合併に該当した場合には，吸収合併存続法人が吸収合併消滅法人の繰越欠損金を原則として引き継ぐことができます（法法57②）。ただし，企業グループ内の適格合併の場合には，繰越欠損金の引継ぎについて一定の制限が課せられることがありますので留意が必要です。

　具体的には，100％親子会社間及び100％子会社同士（兄弟会社）の吸収合併において，子会社が親会社と50％を超える特定資本関係になった時期が，合併事業年度開始の日から5年以内に生じている場合（設立時から継続的に支配関係にある場合を除く。）で，かつみなし共同事業要件（法令112⑦）を満たさない場合に吸収合併消滅法人の繰越欠損金のうち一部の金額を引き継ぐことができない（法法57③）というものです。当該制限は，グループ経営上必要ないが繰越欠損金を持っている会社を買収（100％子会社）し，その会社と所得が発生している他の100％子会社を合併させることで，買収会社の繰越欠損金を利用する等の租税回避スキームを防止するのが趣旨です。

# 5　無対価合併

## 1　無対価合併とは

　吸収合併は基本的に有償取引であるため，合併存続会社が吸収合併により合併消滅会社の資産及び負債を継承した場合は，その対価を合併消滅会社の株主に交付します。

　しかし，100％子会社同士（兄弟会社）の吸収合併では，すでに親会社が子会社を100％所有していることから，当該吸収合併による財産の継承に対して対価を受け取らなかったとしても親会社に不利益は生じません。さらに法律面からも旧商法は無対価合併を認めていませんでしたが，会社法の施行により無対価合併が可能となったものと考えられます。

　以上の理由から無対価による100％子会社同士（兄弟会社）の吸収合併が認め

られ，実務上も活用されています。

## 2　留意事項

　無対価であったとしても100％子会社同士（兄弟会社）の吸収合併であるならば，有償の場合と同様に共通支配下の取引として判断され，吸収合併存続会社は受入資産及び負債を原則として適正な帳簿価額で引き継ぎます。

　また，吸収合併存続会社は受け入れた資産及び負債の対価を支払わないため，原則として株主資本の額を負ののれん（又はのれん）として会計処理することになります（企業結合等適用指針第243項(1)）。

　しかし，当該吸収合併による財産の継承に対して対価を支払わなかったとしても企業集団の経済的実態は何ら影響がないにもかからず，対価の支払いの有無が会計処理に大きな影響を与えることは適当ではないといえます。そこで吸収合併存続会社が，吸収合併消滅会社の株主（親会社）に対価を支払わなかった場合には，吸収合併消滅会社の株主資本の額を引き継ぐことを認めることで負ののれんが生じることを回避し，結果として対価を支払った場合と同様の会計処理となるように調整されています（企業結合等適用指針第437-2項）。

　ただし，無対価の場合に吸収合併消滅会社の株主資本の額を引き継ぐことは認められていますが，その引き継ぐ株主資本の内訳は吸収合併消滅会社の内訳と同様とはならないので留意が必要です。会社法上，吸収合併存続会社が，合併に際して株式を発行していない場合には，資本金及び準備金を増加させることは適切ではないと解されています（企業結合等適用指針第437-2項）。そのため，吸収合併存続会社において増加すべき株主資本の内訳項目は，会社法の規定に従い，吸収合併消滅会社の資本金及び資本準備金をその他資本剰余金として引き継ぎ，利益準備金をその他利益剰余金として引き継ぐことになります（企業結合等適用指針第437-2項）。

　なお，吸収合併存続会社の株主（親会社）は，吸収合併消滅会社の株式の帳簿価額を吸収合併存続会社の株式の帳簿価額に加算します（企業結合等適用指針第203-2項(1)）。

また，当該無対価合併における税務上の取扱いは明確になっていませんでしたが，平成22年度税制改正でいわゆる無対価組織再編について，その処理方法等の明確化が図られました。その中で，100％親子会社間及び100％子会社同士（兄弟会社）の無対価合併についても適格であることが示されました。

　　　　　　　　　　　（公認会計士　小宮正俊・公認会計士　山田大介）

# 第2節　持株会社の会計処理と税務

　本節では，近年増加してきた持株会社における会計処理と税務の特徴について，特に次の2つの留意点について解説します。

① 持株会社設立時（持株会社移行時）における留意点
② 持株会社運営時の会計上及び税務上の留意点

## 1　持株会社とは

　「持株会社」とは，平成9年改正前の私的独占の禁止及び公正取引の確保に関する法律（以下，「独占禁止法」）において「株式（社員の持ち分を含む。以下同じ。）を所有することにより，国内の会社の事業活動を支配することを主たる事業とする会社をいう」と定義されていました。GHQによる経済民主化政策の一環として財閥解体など，過度の資本集中を排除する政策が推進され，戦後の独占禁止法制定当初は，持株会社の禁止に加え，一般事業会社，金融機関ともに国内の株式の取得に対して厳格な基準が定められていました。

　その後，何度かの改正ののち，上記平成9年改正により事業支配力が過度に集中することとなる会社の設立などの制限，届出義務は残ったものの，一般的に持株会社が解禁されることとなりました。現在は，当該届出を記した独占禁止法第9条第4項第1号に記載のある「子会社株式の取得価額の合計額が会社の総資産の額に対する割合が100分の50を超える会社」を持株会社と呼んでいます。

　当該「持株会社」解禁の背景には，当時日本を除くほとんどの国で持株会社が認められていたこと，事業を会社として切り離すことによって迅速に企業再

編やM＆Aが実現できること，持株会社への経営意思決定と統括機能の集中が可能であること，等のメリットがあったことが考えられます。また，これに加えて，いわゆる事業部体制よりも，傘下の子会社の意思決定の迅速化が図られる点や，事業部体制よりも一層事業の責任が明確になる点もメリットとしてあげられます。一方で，持株会社体制のデメリットとして，別会社化したことによって傘下の事業（会社同士）のシナジー効果が薄れる危険性がある点や，管理部門の重複による業務の不効率が発生する危険がある点をあげることができます。また，いわゆる風通しが悪くなった等の声も聞こえてきているようです。

持株会社は，一般的に以下のように2つに分類することができます。

| 純粋持株会社 | 株式による事業活動の支配を主たる業とし，それ以外の事業を行わない持株会社 |
| 事業持株会社 | 自らも主たる業を行っている持株会社 |

このような分類はあるものの，以下で述べる内容において上記2つの形態の違いによる差はないため，本節では両者を特に分別せずに2つを含めて「持株会社」として扱っていきます。

## 2　持株会社への移行時における留意点

持株会社を設立する際，新規に持株会社（親会社）及び子会社を新設するケースについては一般的な会社設立と特に大きな違いがないため，ここでは既存の会社を持株会社形態に移行するケースについて特に取り扱いたいと思います。また，当該手続きにおいて，会計処理上は「企業結合に関する会計基準」（企業会計基準第21号），「事業分離等に関する会計基準」（企業会計基準第7号），「企業結合会計基準及び事業分離等会計基準に関する適用指針」（企業会計基準適用指針第10号）が適宜適用されることになります。

持株会社に移行する際の方法として，現在までの事例から，大きく

```
1  新たに親会社として持株会社を創設する方法
2  新たに子会社を創設し，親会社が持株会社となる方法
```

の2つが採用されていると考えられます。なお，実際に移行した過去の事例としては，複合的に組織再編を行っていますが，細分化すると当該2つのパターンを組み合わせているものと考えられます。なお，当該方法はそれぞれにおいて特徴があるため，以下，これら2つの方法について記載したいと思います。

## 1　新たに親会社として持株会社を創設する方法

　持株会社体制を構築する場合，1つの方法として，持株会社として既存の各会社の親会社となるべき会社（H社）を新設し，そこに既存の会社（A社，B社）の株式を株式交換，株式移転によって移管する方法があります。これは，一般に株式移動方式や株式移転方式などと呼ばれています。また，子会社となるべき既存の会社（A社，B社）の株主に，当該株式と持株会社となるべき会社（H社）の株式を交換させることにより，既存の会社を持株会社として親子関係を構築する方法があります。これも株式移転方式の1つと考えられます。当該方法は，上場企業同士が企業結合し，新たに持株会社体制となる場合に多く見られる方法です。

　以上を図示すると次のようになります。

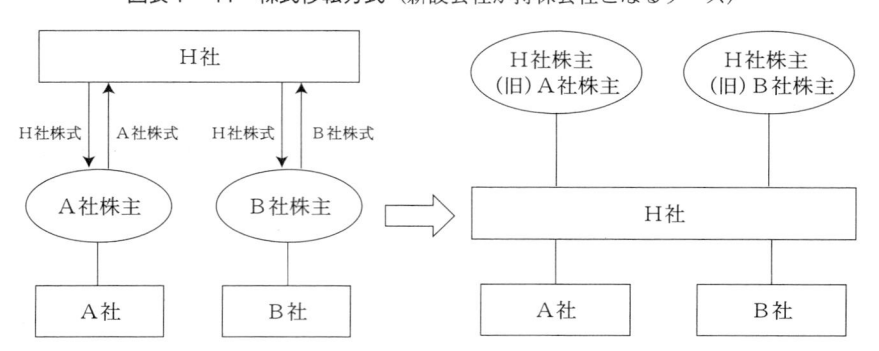

図表1－11　株式移転方式（新設会社が持株会社となるケース）

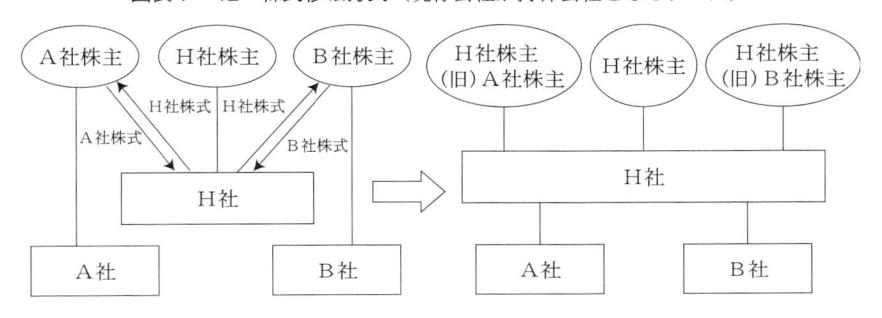

図表1−12　株式移転方式（既存会社が持株会社となるケース）

　なお，会社法により株式交換（会社法第767条〜第771条）と株式移転（同法第772条〜774条）による株式交換完全親会社（同子会社）及び株式移転設立親会社（同子会社）の法的環境が整えられたことにより，会社法上は以下のメリットが存在します。

① 　現物出資の際に必要とされる検査役調査（会社法第33条）が不要である点
② 　債権者保護手続（会社法第799条，他）が原則不要である点

　また，当該手続きには会社法における特別決議が必要となりますが，可決された際には株式移転，株式交換に反対する株主には買取請求権が発生するものの（会社法第797条，第806条），適切な手続終了後には対象となる会社間での完全親子関係を構築することが可能となります。さらに支配株式の取得に際して新たな資金を必要とせず，株式の移動だけで済む点も有利な点といえます。ただし，一方で，既存株主が大人数存在する際には，対応すべき事務処理が煩雑となる点，さらに株主総会決議を含めた会社法上の事務手続きが煩雑である点がデメリットとしてあげられます。
　一方で，税務上は税制適格株式交換又は税制適格株式移転に該当するか否かがポイントとなります。これらの取引が税制非適格である際には，子会社化された会社の一定の資産について時価による引継ぎがなされ，税務上においても譲渡損益が発生する点に留意が必要です。平成18年度税制改正により，従来，

租税特別措置法に定められていた関連税制が法人税法の組織再編税制に位置付けられたため，株式交換又は株式移転が適格要件を満たす場合には，子法人が有する資産の含み損益を計上しないものとされている点にも留意する必要があります（法法2十二の十六，十二の十七）。また，旧子会社株主に対しては，原則として株式の譲渡損益に対して課税されますが，交換時もしくは移転時に，その対価が新たに手に入れる持株会社株式のみである際には課税の繰り延べがなされます。なお，この際に1株未満の株式の交付に代えてこれに相当する金銭を交付した場合については当該株主に対して株式を交付したものとして取り扱うことが容認されている点も実務上は重要な留意点と考えられます（法基1－4－2）。

## 2 新たに子会社を創設し，親会社が持株会社となる方法

持株会社に移管する際に，いわゆる「抜け殻方式」と呼ばれているものがあります。当該方法が2に当たるものと考えられます。これは既存の事業会社（H社）から，新設した会社（A社，B社）に事業の権利義務を承継することによって持株会社体制を構築する方法であり，一般に新設分割方式と呼ばれています。また，事業の権利義務の承継を既存の会社（A社，B社）に対して実施する方法もあり，当該方法は一般に吸収合併方式と呼ばれています。当該方法は，多くの事業を有する既存の会社が持株会社体制に移行する際に多くみられる方法です。

以上を図示すると次のようになります。

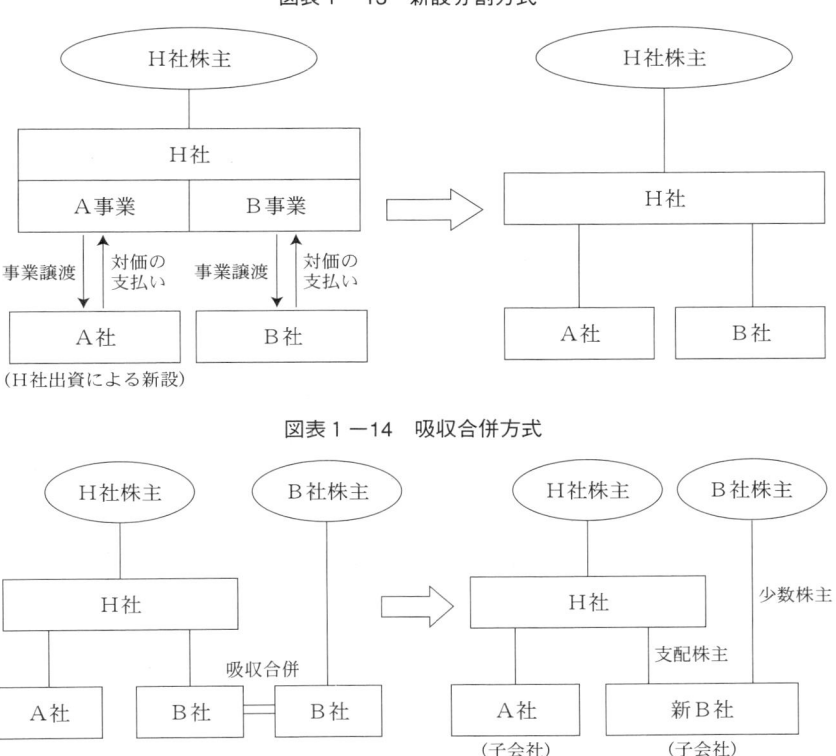

図表1-13　新設分割方式

図表1-14　吸収合併方式

当該方法による持株会社への移管においては，H社とH社の株主の関係は移管後も維持されるため，H社が上場企業等であり，既存株主が大人数存在する際であっても，追加して実施する事務手続きがほとんど発生しないことがメリットとしてあげられます。

合併や会社法上の営業譲渡の際には，前述の株式交換や株式移転において認められていた特別な条文が設定されていないため，会社法において定められている原則的な方法を採用することとなります。また，営業譲渡時には譲受会社に独占禁止法上の届出が必要となる場合があり（独占禁止法第9条），当該手続きに時間がかかる恐れがある点，各種営業免許は会社法上の営業譲渡によって当

然に移管されるわけではないため、関係省庁や届出機関に営業上の免許の取扱いについて確認する必要がある点が煩雑であり当該方法による持株会社への移管のデメリットであると考えられます。なお、ケースによっては営業免許等の認可までに一定の時間がかかることも想定されるため、事前の調査と準備が必要と考えられます。また、当該方法においては、譲受会社側においては営業譲渡の対価を支払う資金が充当される必要があり、グループ全体での資金調達も検討する必要がある点も留意すべき点と思われます。

一方で、税務上は1と同様、会社分割や営業譲渡が税制適格組織再編に該当するか否かが一番のポイントとなります。この際、採用した方法が税制適格組織再編に該当する際には、結果として資産・負債が簿価引継（もしくは簿価譲渡）されるため、税務上の営業権が発生することはないものと考えられます（法法62の8②）。一方で、税制非適格再編に該当する際には、資産・負債が時価にて譲渡される点に加え、税務上の営業権の評価方法についても法人税法上の明文規定がないことから金額算定時に留意する必要があります。

また、1では組織再編が有価証券（株式）の譲渡によって行われていたため消費税において特に留意することはありませんでしたが、現物出資を利用した際には消費税法上は資産の譲渡等に該当するため消費税が課される点、一方で会社分割による資産・負債の移転は課税対象外取引である点も、実際にいかなる組織再編方法を採用するか、意思決定する際には1つの要素となるものと考えられます。なお、不動産取得税については現物出資においては非課税ですが、会社分割による不動産取得においては課税されるケースもあるため事前に確認が必要であると考えられます。

## 3　持株会社運営時の会計上及び税務上の留意点

### 1　持株会社の損益計算書及び貸借対照表の特徴

持株会社の主な収益としては、傘下の事業会社からの受取配当金のほか、グループ経営戦略の策定やブランドの維持管理といった持株会社が担う機能への

対価である経営指導料やロイヤリティ，持株会社が不動産や資金の一元管理を担うことにより発生する不動産賃貸料や受取利息等があります。また，主な費用としては，持株会社に帰属する人員に係る人件費のほか，不動産の維持管理費用，資金調達費用，持株会社運営上の諸経費等があります。

一方，貸借対照表においては，資産の部に，グループの事業用資産，関係会社株式，関係会社貸付金等の資産が多額に計上される，負債の部に借入金や社債といった外部調達負債が多額に計上されるといった特徴があります。

本節では，持株会社としての特徴が最も色濃くあらわれる収益構造を中心に，その内容や会計上及び税務上の留意点について解説し，また，持株会社の税務に影響の大きい連結納税制度の概要を紹介いたします。

## 2　持株会社の収益構造
### ❶　受取配当金

株式会社の配当は会社法により定められた分配可能額を限度として，配当性向や株主資本配当率等の業績に連動した指標に基づき支払方針が定められているのが通常です。持株会社体制の企業グループにおいては，実質的な事業をグループ傘下の子会社が担うことから，連結ベースの指標を用いた配当方針を掲げる場合が多いようです。一方で，企業グループの株主への配当は，持株会社である親会社を通じて支払われることになるため，グループ傘下で事業会社が稼得した利益を持株会社が配当により収受する必要があります。したがって，親会社がグループの配当方針に則った配当を行えるよう，事業会社からの配当は所定の配当基準に従い計画的に行われる必要があります。

なお，受取配当金は会計上，その配当の決定権限を有する機関（株主総会，取締役会等）において決議があった日の属する事業年度に計上されます（子会社が非上場である場合）。ただし，決議後通常要する期間内に支払いを受けるものであれば支払日の属する事業年度に計上することも継続適用を条件に認められます。また，損益計算書上，当該収益は主たる事業目的である投資事業の対価であるため，「投資事業受取配当金」等の科目をもって営業収益として表示され

ます。

　また，受取配当金の税務上の取扱いについては，二重課税排除の目的から「受取配当等の益金不算入」の制度が設けられています。これは法人が内国法人から受ける配当等の額の一部又は全部を益金に算入しないこととする制度です。完全子法人株式等（配当額の計算期間を通じて完全支配関係があったもの）に係るものの場合，その受取配当等の全額が（平成22年度税制改正），また，関係法人株式等（配当受取法人が，配当支払法人の発行済株式総数の25％以上を配当等の支払いの効力が生ずる日以前6月以上保有しているもの）に係るものの場合，その受取配当等の額から当該株式等に係る負債利子を控除した額が益金不算入額とされます。

　そのため，持株会社に帰属する受取配当等の多くが益金不算入となり，特に純粋持株会社のように株式の保有による事業投資を主たる業とする場合は，税務上欠損金が生じる可能性が高く，税制面のデメリットとなり得ることに留意が必要です。

### ❷　経営指導料

　グループ統括の立場から長期的な視点で事業会社の経営上や営業上の指導を行うことが持株会社の大きな役割の1つです。この経営指導の対価として支払われるのが経営指導料です。

　経営指導料は会計上，契約期間にわたり役務提供に応じて認識されることになりますが，一定期間の役務提供の対価として固定額が支払われるような場合は，一定期間経過後の役務提供の完了をもって認識されます。また，損益計算書上，経営指導は持株会社の主たる事業目的に該当すると考えられるため，通常は「経営指導料収入」等の科目をもって営業収益として表示されます。

　なお，税務上は，経営指導という役務提供が外形上見えづらいため，対価性の無い取引，すなわち寄付金認定されるリスクがあることから，その金額の算定根拠を明確にした上で，適切に契約を締結する必要があります。このとき，金額算定をどのように行うかが問題となりますが，当該役務提供により生じたコストに一定率又は一定額を上乗せして決定する方法，役務提供により生じた

成果に応じて成果報酬を受け取る方法等が考えられます。なお，対価性の問題については，経営会議の出席記録を残す等により役務提供の実績を明確にしておくのも1つの対処方法です。

### ❸　ロイヤリティ，ブランド使用許諾料

　持株会社が商標等のブランドを保有し，ブランド価値の維持・向上のため，全体的な品質管理や広告等を行う場合があります。このとき傘下子会社が当該ブランドを事業上使用することに伴い支払われる対価がロイヤリティやブランド使用許諾料です。

　ブランド使用許諾料等は会計上，ブランドの使用許諾期間にわたり契約内容に基づく発生基準で認識されることになります。したがって，売上高等に一定率を乗じて算定した対価が支払われる場合には，子会社の売上実績報告等に基づき収益認識されます。また，当該収益も主たる事業目的に該当するため，「受取ロイヤリティ」等の科目をもって営業収益として表示されることが多いと考えられます。

　なお，税務上は経営指導料と同様，寄附金認定のリスクに留意する必要がありますが，ブランド使用により事業会社が営業上どれだけのメリットを享受しているかを数値上明確に算定することは困難です。この点，事業会社に利益が出たかどうかに拘わらず，使用者に一定のメリットを与えていると考えられるため，実務上は前述のように売上高等に一定率を乗じて算定することが多いようです。また，その算定基礎を明確にした契約を締結しておくことも重要です。

### ❹　不動産等の賃貸料

　企業グループにおいて様々な事業目的に使用する不動産等の事業用資産を，グループ一元管理することにより，事務負担，維持管理コスト等を削減できることがあるため，持株会社である親会社がグループの事業用資産を一括して保有又は賃借し，傘下の事業子会社に賃貸する場合があります。

　このとき不動産等の賃貸料は会計上，継続的役務提供契約に基づく収益であ

る場合，通常は経過期間に応じて認識されます。したがって，次期に帰属する賃貸料を前受収受する場合は，貸借対照表上，「前受不動産賃貸料」等の科目をもって収益を繰り延べます。また，損益計算書上，不動産等の賃貸が主たる事業目的に該当する場合は，「不動産賃貸料収入」等の科目をもって営業収益として表示されます。なお，通常は賃貸料の受取額を総額で収益計上しますが，親会社が経済的リスクを負わずに単に転貸を行うときなどは，転貸手数料のみを純額で計上した方が適切な場合もあります。なお，税務上は著しく不合理な賃料で取引を行うことにより寄附金認定されないよう留意する必要があり，やはり適切な賃貸料をもって取引を行う必要があるため，近隣相場を参考に決定する等，賃貸料根拠を明確にした契約を締結しておくことが重要です。

### ❺ 貸付金利息

持株会社制度を採用している企業グループでは，ＣＭＳ（キャッシュ・マネジメント・システム）を導入している企業が多くみられます。ＣＭＳとはコンピュータやネットワークを利用して，グループ内の資金を一元管理する方法をいい，これにより事務負担や資金調達コストの削減，余剰資金の有効活用等のメリットが見込まれます。

なお，税務上は企業グループ間での貸付であっても，無利息や通常の利率よりも低い利率で貸付けを行うことにより供与する経済的利益の額は寄附金の額とされるため（ただし，子会社支援等の合理的な理由がある場合を除く），適切な水準の利息を受け取る必要があります。したがって，ＴＩＢＯＲやＬＩＢＯＲといった金利水準指標に基づいて決定する方法，親会社の外部資金調達に係る金利に一定の調整を加え算定する方法等，決定方針を明確にした上で，適切に契約を締結しておくことが重要です。

### ❻ グループ管理費用の負担

持株会社で発生する企業グループ全体に係る管理費用等は，通常そのメリットを実質的に享受する傘下の事業会社が按分負担します。

当該負担額は，その内容によって実質判断をする必要がありますが，単に立替による経費の負担額を付け替え請求しているようなときは，収益の計上は行わず，費用の控除として処理した方が適切な場合もあります。

## 3　連結納税制度について

　法人税法上，原則として，個別の法人が納税単位となるため，1つの会社の中で事業部制により事業を行っている場合には事業部間での損益通算できるのに対して，持株会社体制により事業を行っている場合には事業会社間での損益通算ができず，赤字事業を抱えている場合は，結果として税負担額が大きくなります。この税制上のデメリットは，持株会社の解禁以後も大きな課題として残っておりました。しかし，平成14年度税制改正により連結納税制度が導入されたことから，企業グループを1つの納税単位とみなし，企業グループ内の法人課税所得の通算ができるようになりました。

　ただし，連結納税制度については，次のような点に留意する必要があります。

(A)　子会社の範囲

　連結納税制度の適用対象となる法人は，会計上の連結範囲と異なり，内国法人である親会社と，その親会社に発行済株式の全部を直接に又は間接に保有される内国法人（100％子会社）に限られます。

(B)　100％子会社の連結納税への強制加入

　企業グループの100％子会社のすべてが連結納税に強制加入する必要があり，個別の会社ごとに単体納税を選択することができません。

(C)　継続適用が原則

　連結納税を一旦選択すると，取り止めることができるのは「やむを得ない事情があるとき」に限られます。「やむを得ない事情」とは，子会社が相当数増加し事務負担が著しく過重になると認められる場合等をいい，単に単体納税の方が，その税負担が軽減される等を理由にした取り止めは認められません。なお，取り止めにあたっては，国税庁長官に申請書を提出し承認を受ける必要があります。

(D) 繰越欠損金の持込制限

　平成22年度税制改正により，連結納税適用開始前に生じた繰越欠損金であっても，親会社の有するもののほか，連結子会社の有するものも，事業年度の開始の日の7年以内に生じたものは，その個別所得金額を限度に連結欠損金として持ち込むことができることとなりました。ただし，これは資産等の時価評価（[E]を参照）の適用対象外となる連結子会社に係るものに限られるため，5年以内に取得した子会社に繰越欠損金が存在する場合等には留意が必要です。

(E) 資産等の時価評価

　長期保有（5年超）されている100％子会社や100％設立された子会社等，一定の要件を満たす子会社を除き，連結納税制度適用開始時や連結グループ加入時，直前の事業年度において，一定の資産等を時価評価により評価損益の計上を行う必要があります（ただし，個々の資産の含み損益が対象子会社の資本等の金額の2分の1又は1,000万円のいずれか少ない金額に満たないものを除く。）。したがって，時価評価が必要な子法人の保有する土地や有価証券といった資産等に含み益が存在し，相殺できる繰越欠損金が生じていない場合は，課税上のデメリットとなる可能性があります。

(F) 納税手続に係る事務負担の増加

　連結納税にあたっては，連結グループ内の各法人の所得金額を合算した上で所定の調整を行った金額に税率を乗じ，さらに必要な調整を行った後に計算されます。したがって，個別納税に比べ納税上の事務手続が増加します。

　以上のように，持株会社にとって連結納税制度は，課税所得の通算が行える点で，大きな課税メリットが見込まれるため，連結納税制度の導入を検討する企業グループが増加しているものの，制度上の制限により課税上のデメリットが生じる可能性もあるため，その導入にあたっては慎重な判断が必要です。

（公認会計士　関　浩一郎・公認会計士　菅野　貴弘）

# 第3節　海外子会社のある会社に特有の会計処理

　本節で取り上げる「在外子会社がある会社に特色的な会計処理」は，グローバルに在外展開している日本企業を念頭におき，そのような企業において特に留意が必要となる会計処理に焦点を絞ったものです。また特定の業種に関わりなく，全て業種に共通する特色的な会計処理について取り上げることとします。

---
（対象となる業種）
特定の業種に関わりなく，在外進出している企業。
在外進出を考えている企業。

---

## 1　特色的な会計処理

### ❶　在外子会社の会計処理に関する当面の取扱い

　EUが国際財務報告基準（以下，IFRS）を域内上場企業の連結財務諸表に強制適用して以来，世界各国において徐々に採り入れられる等，その利用は世界に広がっています。わが国においても2005年の企業会計基準委員会（以下，ASBJ）と国際会計基準審議会（IASB）のコンバージェンスに向けた合意以降，会計基準のコンバージェンスの動きが加速しています。この動きの中で，ASBJは2006年5月実務対応報告第18号「連結財務諸表作成における在外子会社の会計処理に関する当面の取扱い」（以下，「実務対応報告第18号」），2008年3月に実務対応報告第24号「持分法適用関連会社の会計処理に関する当面の取扱い」（以下，実務対応報告第24号）を公表しています。実務対応報告第18号は，平成20年4月1日以後開始の連結会計年度から適用され，実務対応報告第24号は

平成22年4月1日以後開始の連結会計年度及び事業年度から適用されています。
　この主な内容は以下のとおりです。
　海外に所在する子会社については，原則的として連結財務諸表原則　第三　三に基づき，「同一環境下で行われた同一の性質の取引等について，親会社及び子会社が採用する会計処理の原則及び手続は，原則として統一しなければならない」とされています。
　ただし，在外子会社については，上述の実務対応報告第18号に基づき，当面の取扱いとして，「在外子会社の財務諸表が，国際財務報告基準又は米国会計基準に準拠して作成されている場合は，当面の間，それらを連結決算手続上利用することができるものとする。……」とされています。また在外関連会社についても，上述の実務対応報告第24号において，第18号に準じて行う旨が規定されています。ただし，在外子会社と異なり，自社の他に支配株主が存在する場合等，個別の事情によっては，修正のために必要となる詳細な情報の入手が極めて困難なことがあり得ることから，そのような場合には統一しないことが認められています。
　在外子会社・関連会社については，所在地国の会計基準に基づき財務諸表を作成するのが一般的であり，現地基準に基づく財務諸表に当該基準とＩＦＲＳとの差異部分を加えて親会社へ報告してもらう，もしくはＩＦＲＳに準拠した連結パッケージを作成して親会社へ報告してもらう方法のいずれかを採用されているケースが実務上は多いと思います。また，現地基準とＩＦＲＳの差異内容を網羅的に洗い出しすることに加え，継続的に差異内容を見直し，親会社へ報告してもらうための体制の構築も極めて重要となります。
　実務対応報告第18号及び第24号によれば，下記の6項目は，当該修正額に重要性が乏しい場合を除き，連結決算手続上，修正を行う必要があり，6項目以外についても，明らかに合理的でないと認められる場合には，修正を行う必要があるとされています。

| |
|---|
| のれんの償却 |
| 退職給付会計における数理計算上の差異の費用処理 |
| 研究開発費の支出時費用処理 |
| 投資不動産の時価評価及び固定資産の再評価 |
| 会計方針の変更に伴う財務諸表の遡及修正 |
| 少数株主損益の会計処理 |

参考までに図表1-15をご参照ください。

図表1-15 実務対応報告第18号の概要

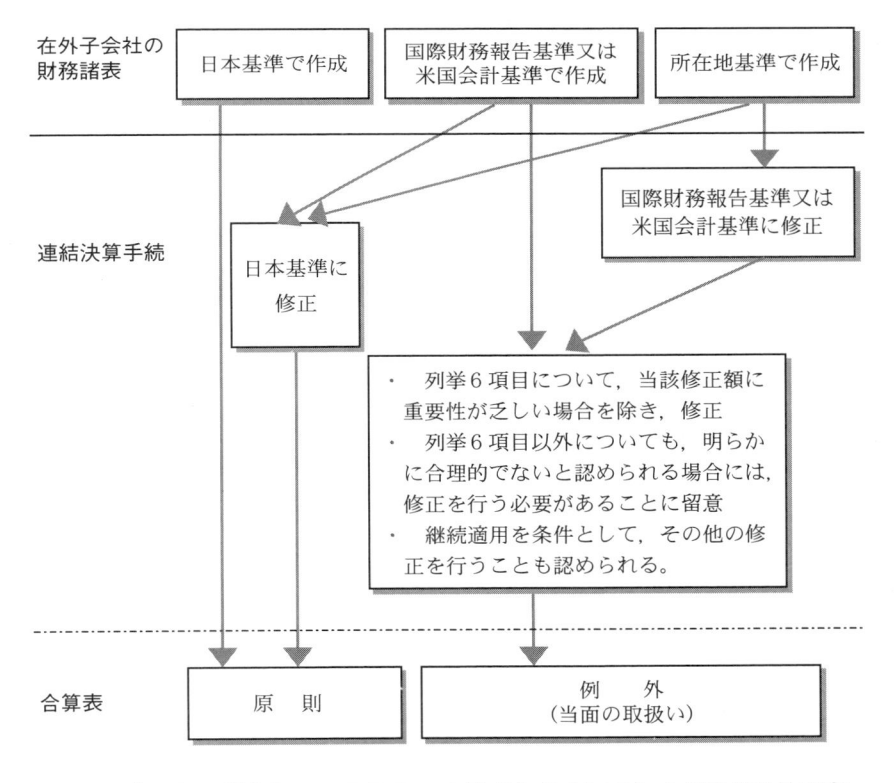

**在外子会社の財務諸表**
- 日本基準で作成
- 国際財務報告基準又は米国会計基準で作成
- 所在地基準で作成

**連結決算手続**
- 日本基準に修正
- 国際財務報告基準又は米国会計基準に修正
- ・列挙6項目について,当該修正額に重要性が乏しい場合を除き,修正
- ・列挙6項目以外についても,明らかに合理的でないと認められる場合には,修正を行う必要があることに留意
- ・継続適用を条件として,その他の修正を行うことも認められる。

**合算表**
- 原則
- 例外（当面の取扱い）

また,大きな課題としてIFRSへの対応も考慮しておく必要があります。2009年6月16日に企業会計審議会企画調整部会において「我が国における国際

会計基準の取扱いについて（中間報告）」が取りまとめられ，その中で会計基準を巡る国際的な動向，我が国の会計基準のあり方，今後の対応が記載されています。ＩＦＲＳの将来的な強制適用の展望を示し，ＩＦＲＳ適用の前提となる課題に着実に取り組みつつ，2010年３月期の年度の連結財務諸表から，任意でＩＦＲＳの適用が認められ，2010年５月に日本電波工業株式会社が他社に先がけてＩＦＲＳを任意適用した決算短信を公表しています。仮に2012年を強制適用の目処とした場合，準備期間を少なくとも３年程度とすれば，実施は2015年又は2016年前後になると予想されますが，「いつまでに，何を，どの段階まで変えるか」という社内におけるロードマップを作成し，動き出さなくてはなりません。実務上，上述の６項目以外の項目について明らかに合理的でない場合以外は修正を行っていない可能性もあり，改めて各国で採用しているＩＦＲＳや米国基準の内容を詳細に見直した上で，ＩＦＲＳに基づく社内の会計処理方法のマニュアル等を定めて適用していく等の大きな課題が生じると予想されます。

## ❷ 在外子会社株式，出資金の評価，在外子会社向け債権の評価

米国発のサブプライムローン問題を発端とした世界経済の急速な悪化に伴い，一部の国を除き，全世界的な経済環境の悪化が報道されています。

グローバルに在外展開している日本企業の中には，当該影響を受け，現地企業との合弁による進出，単独出資による進出等，進出の形態を問わず，在外子会社・関連会社の業績が急速に悪化しているところも少なくないと思われます。

特に業績の悪化・資金繰りの悪化等に伴い，緊急の運転資金の融資，資本注入等を行ってきた企業においては，特に期末年度決算において，投融資の評価が問題となります。

関係会社に対する投資の評価については，主に以下のような会計基準上の取扱いがあります。

在外関係会社が保有する不動産等について，海外に進出した時期や場所等により，取得時に比べ時価が大きく上昇している可能性もありますので，時価評

図表1-16　関係会社に対する投資の評価に関する基準等

| 基　　準 | 基　準　の　内　容 |
|---|---|
| 金融商品会計基準Ⅳ2.(6)第20項 | 「……，子会社株式及び関連会社……のうち，時価を把握することが極めて困難と認められる金融商品以外のものについて時価が著しく下落したときは，回復する見込みがあると認められる場合を除き，時価をもって貸借対照表価額とし，評価差額は当期の損失として処理しなければならない。」 |
| 金融商品会計基準Ⅳ2.(6)第21項 | 「時価を把握することが極めて困難と認められる株式については，発行会社の財政状態の悪化により実質価額が著しく低下したときは，相当の減額をなし，評価差額は当期の損失として処理しなければならない。」 |
| 外貨建取引等会計処理基準　一外貨建取引　2．決算時の処理(1)換算方法　③外貨建有価証券ニ | 「外貨建有価証券について時価の著しい下落又は実質価額の著しい低下により評価額の切下げが求められる場合には，当該外貨建有価証券の時価又は実質価額は，外国通貨による時価又は実質価額を決算時の為替相場により円換算した額による。」 |
| 外貨建取引等の会計処理に関する実務指針第18項 | 「……時価のない外貨建株式について，株式の実質価額が著しく低下したかどうかは，外貨建ての実質価額と外貨建ての取得価額とを比較して判断する。……時価評価に基づく評価差額等を加味して外貨建ての実質価額を算定する。」 |

価のための資料が合理的に入手できる場合には，時価評価に基づく評価差額等を加味して外貨建ての実質価額を算定することになります。この場合には，原則として，税効果を加味する必要があります。また，関係会社に対する融資の評価については，主に以下のような会計基準の取扱いがあります。

図表1-17　関係会社に対する融資の評価に関する基準等

| 基　　準 | 主　な　内　容 |
|---|---|
| 金融商品会計に関する実務指針第106項・第108項 | 一般事業会社の連結子会社並びに持分法適用の子会社及び関連会社については，まず当該会社が保有する債権を一般債権・貸倒懸念債権・破産更生債権等に区分して，債権の区分に応じて貸倒見積高の算定をした上で，当該子会社又は関連会社の財務状況の把握と債務弁済能力の検討を行い，当該子会社又は関連会社に対する債権の区分の判定を行うとされている。 |

ただし，連結子会社の財政状態や経営成績，関連会社の経営成績は，個別決算への反映が求められる実質価額が著しく低下する前の段階からすでに連結決算には取り込まれていますので，親会社の個別決算上，投資に関する評価損を計上することになった場合には，連結財務諸表と個別財務諸表間で損失を取り込むタイミングがずれることになります。

また，現地子会社が仮に債務超過になった場合，現地金融機関からの融資を受ける際に親会社が債務保証を求められるケースもあり，債務保証の実行可能性等を慎重に判断して注記の要否を検討する必要が出てきます。

### ❸ 為替換算調整勘定に係る会計処理

在外子会社等の財務諸表の換算手続において発生する為替換算調整勘定は，決算時の為替相場で換算される資産及び負債項目の円貨額と取得時又は発生時の為替相場で換算される資本項目の円貨額との差額として計算されます。

為替換算調整勘定は，自己資本の一項目として表示され，円高が進むと，過去に行った在外向け投資の円換算額が目減りし，一方，円安になると，円換算額が膨らむこと，また，親会社と決算期の異なる子会社がある場合，そのずれが3か月以内の場合にはそのまま連結できることから，子会社の3か月前の為替が連結決算に反映され，為替変動次第で連結自己資本に大きな影響を与えます。

また，為替換算調整勘定は，在外子会社等に対する投資持分から発生した未実現の為替差損益としての性格を有すると考えられ，売却等の持分変動により実現し，株式売却損益として連結損益計算書に計上することになります（会計制度委員会報告第4号「外貨建取引等の会計処理に関する実務指針」42項参照）。仮に為替換算調整勘定がマイナスであったとしても，上述のとおり，在外子会社を継続保有する限りは実現しないため事業経営には直接影響がありませんが，財務基盤の厚みを示す自己資本比率等の財務指標を見かけ上悪化させることになります。

第1章　組織形態や運営形態に特有の会計と税務　47

## ❹　固定資産の減損会計，税効果会計

　世界経済の回復の兆しが見え始めるのは2009年度終わりごろからではないかと言われていましたが，自動車や半導体などの世界の工場の稼働率は2008年の通常の8割〜9割から2009年には6割〜7割にまで落ち込みました。新興国の需要増を見込んで生産能力を拡大したところを世界同時不況による需要急減に見舞われ，日米欧などの需要低迷の長期化で世界の市場規模が不況前の2007年の水準に戻るのは2012年以降になるとの見方も出ています。生産設備の余剰感が来年以降も続くものと予想されています。

　自動車を中心に日本の製造業は輸出頼みで国内生産を拡大してきましたが，1ドル100円を超える円高が続く中で，仮に中国・ブラジル等の新興国などの需要が回復しても国内生産はすぐには増えにくい状況にある（輸出主導の日本型モデルの終焉）といわれています。

　このような環境下において，国内外における固定資産の減損会計の適用，税効果会計の適用が問題となってきます。

　固定資産の減損会計，税効果会計の適用に当たって重要なポイントは，現地基準とIFRSの差異を議論する以前に，将来の業績をいかに合理的に予想するかという点です。

　IFRSにおいても，日本基準同様，固定資産の減損の兆候判定，繰延税金資産の回収可能性の検討において，将来の業績予想値が基礎となる場面が出てくるため，上述のとおり，極めて不透明な経済環境の中で，自社の業績を対外的に合理的に説明するための情報収集努力が必要になります。

　この他に税効果会計については，以下のような論点もあります。

＜留保利益の税効果，繰延税金負債の取崩し＞

　平成21年度税制改正では，一定の要件の下，日本の親会社が在外子会社から配当を受ける場合には，その配当の5％分を益金算入，残りの95％分を益金不算入とする「在外子会社からの配当の益金不算入制度」が新設されました。この改正に伴い，間接税額控除制度も廃止され，在外子会社からの配当に課される外国源泉税は損金不算入になること，また在外子会社からの配当の5％分は益金算入されることから，これらに対応する繰延税金負債は計上することとなったことにも留意する必要があります。

> 詳しくは，日本公認会計士協会の会計制度委員会報告第6号「連結財務諸表における税効果会計に関する実務指針」，第10号「個別財務諸表における税効果会計に関する実務指針」，「税効果会計に関するＱ＆Ａ」改正版をご参照ください。

＜未実現利益に関する税効果＞

> 日本基準では，連結グループ内で生じた未実現利益について，「繰延法」の考え方を採用していますが，ＩＦＲＳではこの規定はなく，「資産負債法」により把握することになっています。
> 日本基準で，連結消去仕訳で消去する未実現利益に関する税効果は，売り手側で発生した税金に係るものとして，繰延税金資産の計上額は，売却年度の課税所得に売り手側において適用された法定実効税率を使用して計算した税金の額となりますが，ＩＦＲＳの場合には，買い手側の連結会社において将来の外部売却時に適用される税率が適用されることになります。
> したがって，連結グループ外部へ売却される前に，適用される税率の変更があった場合においては，日本基準では税率変更による影響額の修正は必要ではありません。一方ＩＦＲＳでは期末時の購入側で適用される税率で計算されるため，仮に在外子会社の所在する国において税率の変更があった場合，未実現利益の税効果計算に与える影響を把握する必要が出てきます。

## ❺ 固定資産減損会計，税効果会計以外の主な項目

❶で記載した実務対応報告第18号の適用において，在外子会社がある会社にはさまざまな会計処理の選択の問題が生じます。

以下ではいくつか特色的な会計処理を取り上げます。

(1) 企 業 結 合

平成20年12月26日に企業会計基準第21号「企業結合に関する会計基準」等が公表され，日本基準の国際的なコンバージェンスが進んでいますが，未だのれんの償却等の論点が差異として存在しています。

日本基準では，実務対応報告第18号上の6項目のうちの1項目としても記載されているように，原則として20年以内のその効果が及ぶ期間にわたって規則的に償却を行った上で，減損の兆候が存在する場合，減損会計が適用されますが，ＩＦＲＳでは，のれんの償却は禁止され，減損の兆候の有無にかかわらず，

毎年減損テストを実施しなければなりません。

　したがって，例えば在外子会社が現地企業を買収した場合等にのれんが発生した場合には留意が必要です。

(2) 四半期連結財務諸表の税金費用について

　四半期連結財務諸表の作成に当たって，連結グループ内の親会社及び連結子会社間で税金費用の会計処理を統一する必要があるかどうかについては，日本公認会計士協会業務本部倫理・相談グループから参考となる指針が2008年公表されています。これによれば，原則的な会計処理（簡便的な方法を含む。）か，四半期特有の会計処理のどちらかに会計処理を統一する必要があるとされていますが，在外子会社については，ＩＦＲＳ又は米国基準に準拠して作成している場合は，実務対応報告第18号に基づいて処理し，統一する必要はないと考えられるとされています。

(3) 未 払 税 金

　監査・保証実務委員会報告第63号「諸税金に関する会計処理及び表示に係る監査上の取扱い」2(1)④によれば，「……追徴税額のうち未納付額は，貸借対照表上，「未払法人税等」に含めて表示する。追徴税額に関して，課税を不服としてその撤回を求め法的手段を取ることを会社が予定している場合も想定されるが，その場合であっても，法的手段を取る会社の意思のみでは未納付額の不計上あるいは納付税額の仮払処理を行うことは適当ではない。法的手段を取った後の経緯，会社及び課税当局（国外を含む。）の主張，相互協議の成否，裁判になった場合は当該裁判の中での双方の主張等を総合的に判断し，追徴税額の還付可能性を判断する必要がある。……」とされています。近年積極的に在外税務当局が外国企業に対する課税を強化するケースも出てきており，仮に現地で税務調査等が入った場合には，その後の経緯・進捗を踏まえ，慎重に会計処理を検討する必要があります。

(4) 決算期の異なる子会社

　上記②でふれましたが，連結財務諸表原則第12条ただし書において「……連結子会社の事業年度の末日と連結決算日との差異が３か月を超えない場合にお

いて，当該事業年度に係る財務諸表を基礎として連結財務諸表を作成するときは，この限りでない。」とされており，決算期の3か月以内のずれであれば，子会社の3か月前の決算を取り込むことができることになっています。

また，同条2項において，「……連結子会社の事業年度の末日と連結決算日が異なることから生ずる連結会社相互間の取引に係る会計記録の重要な不一致について，調整をしなければならない。」とされています。例えば親会社が3月決算期，子会社が12月決算期であれば，1月から3月までの間に生じた重要な不一致については，親会社の連結決算に取り込む必要があり，社内で予め金額的・質的重要性に関するルールを明確にし，親会社に報告してもらう体制の構築が必要です。現地子会社の決算日から親会社の会社法決算書の会計監査人による監査報告書日，金融商品取引法による監査報告書日まで半年近くあり，その間の現地子会社において発生した重要な取引を正確に把握することが求められます。

四半期報告書制度が2009年度から導入となり，現地子会社の情報をタイムリーに収集し，後発事象・偶発事象の注記をする必要があるかどうかも含め，財務諸表への影響を適時かつ総合的に判断することが求められます。

参考までに，ＩＦＲＳでは，①原則，実務上不可能でない限り，親会社の財務諸表と同じ日付の財務諸表を追加で作成する必要があること，②例外として，日本基準同様，親会社と子会社の報告日に差異がある場合，3か月以下の差異であれば取り込めます。両者の報告日の間に発生する重要な取引や事象の影響を修正しなければならないとされていますが，日本基準では上述のとおり当該修正を連結会社間の取引に絞っているため，差異が生じる可能性があります。

近年，子会社の決算期が親会社と一致していないことによる問題点が各方面より指摘されており，在外展開している企業の中で親会社と統一する動きが見られます。

## ❻ 新興国，特に中国における特色的な会計処理

　ＢＲＩＣＲＳと呼ばれるロシア，ブラジル，インド，中国のうち，わが国との関わりの中で特に中国経済の成長が著しいことが新聞報道等で日々伝えられています。このような環境下において，中国に進出している企業もしくは，進出しようとしている企業にとって，中国の会計基準が現在どのような状況にあり，今後どのような方向に向かっているかを把握することは有用です。ここでは，中国特有の会計基準の概要をご紹介し，読者の方の参考に供したいと思います。中国の企業会計制度は，会計処理及び財務規定の表示に関する「会計規定」と財務管理に関する「財務規定」から構成されており，「会計規定」として位置づけられる新「企業会計準則」が，小規模企業を除き，企業形態によって適用時期が多少異なりますが，原則として中国国内に設立された全ての企業に対して適用されます。中外合資経営企業（合弁企業），中外合作経営企業（合作企業）及び外国企業（独資企業）等の外国投資企業（三資企業）も含まれます。

　新「企業会計準則」は，2006年2月に，ＩＦＲＳとの収斂のために，従来の基準を整理・統合した上で新たに作成されたものですが，これにより中国経済の発展促進及び中国国際資本市場における地位向上が図られることが期待されています。

　新規則と従前の規則との改正点を参考までに以下列挙します。

① 棚卸資産の後入先出法が認められなくなった
② 固定資産の減損損失の戻入が認められなくなった
③ 資産化できる借入費用の範囲が拡大された
④ 持分法の適用範囲が変更になった
⑤ のれんの処理が変更になった
⑥ 研究開発費の処理が変更になった
⑦ 税効果会計が強制適用になった
⑧ 政府補助金の処理が変更になった
⑨ 開業費の処理が変更になった
⑩ 公正価値の測定が要求されること

上記の中で実務上特に上場・非上場を問わず広く問題になるのが，⑦の税効果会計の適用と思われます。これはわが国における税効果会計導入当初を思い出していただければご理解いただけるとおり，中国における会計と税務の両方に関する深い知識が求められるため，会計事務所等の専門家の支援を仰ぎながら，対象項目を漏れなく抽出し，繰延税金資産の回収可能性について十分にスケジューリングをした上で計上することになります。

特に，新企業所得税法の公布前に認可，設立（行商行政管理局による営業許可証の発行）された企業については，旧法（外資企業所得税法）の規定に基づく優遇軽減税率が適用されますが，段階的に，新税法の税率である25％に調整されることになっておりますので，ご留意ください。

例えば，経済特別区にある企業で，従来15％の軽減税率を享受していた企業は新企業所得税法施行後5年以内に，段階的に標準税率25％に移行されます。

具体的には以下の表のとおりです。

| 年 | 税率 |
| --- | --- |
| 2008年 | 18％ |
| 2009年 | 20％ |
| 2010年 | 22％ |
| 2011年 | 24％ |
| 2012年 | 25％ |

なお，上記の他に以下のような派生論点も存在します。

・収益の認識（増値税関連）

中国では，物品の販売及び労務提供については，売上代金もしくは売上代金取証の受領時に増値税を認識することになっています。一方輸入物品の場合は輸入通関時に認識することになります。納税額は売上（増値）税額から仕入（増値）税額を控除した残額をもって計算します。

この増値税は伝票方式を採用しており，課税事業者は増値税専用領収証（発票）を発行することになっていますが，増値税の認識時期（発票基準）と会計上

の一般的な収益認識基準である出荷基準等とは必ずしも一致しないことから，販売に関する業務プロセスを構築する段階で特に留意が必要となります。

　売上の会計処理に当たって，増値税に関する十分な理解が必要になることにご留意ください。

・土地所有権の扱い

　中国では，土地が国有であることから，例えば進出先である開発区等における工場建設のため，土地使用契約を締結し，その使用の対価を支払うのが一般的です。

　この土地使用権について，中国の新会計基準では無形固定資産として表示されることになっていますが，親会社の連結財務諸表作成上は，上述の18号適用に当たり，オペレーティングリースと考え，長期前払費用に表示し，使用可能年数にわたって定額法で償却する実務も行われています。

　上記以外にも様々な重要な会計上の論点がありますが，中国の経済状況の変遷等に伴い，会計・税務等も新設・改変等が行われるのが常であることから，実務上生じた問題については適宜専門家にご相談されるのがよいかと思います。

## 2　ま　と　め

　米国発経済危機による需要急減，国内消費の急落下，重要回復の見通しが立てられない問題，その先には生き残りをかけた再編，淘汰等に直面する可能性もあります。

　過去の延長では考えられないほどのスピードで事業環境が急展開しており，特に経理部門を中心として，在外子会社等における特色的な会計処理をあらかじめ念頭に置いた上で，適時に自社の財務諸表への影響を分析評価できる体制の構築が求められています。

【参考文献】
- 経営財務№2907「企業会計審議会企画調整部会の中間報告（案）の公表」
- 『テーマ別会計実務全書』新日本有限責任監査法人著　中央経済社
- 『中国税務・会計ハンドブック』税理士法人プライスウォーターハウスクーパーズ編　東洋経済新報社他

（公認会計士　小栗一徳）

# 第4節　海外子会社のある会社に特有の税務

## －法人税申告書別表十七㈣に基づく移転価格税制の実務的解説－

　事業の海外展開を果たしている会社が多い中，特に直接投資により子会社を設立している会社については，特有の税務の問題が生じることになります。例えば，タックス・ヘイブン対策税制，海外子会社配当等益金不算入制度等がありますが，本節では，海外に子会社があれば何らかの適用関係が必ず生じることになると思われる移転価格税制に特にスポットを当てることにします。

> （対象となる業種）
> 　海外に子会社がある会社は基本的に全て対象となり得ますが，子会社形態により海外進出し現地生産化が特に進んでいる自動車及び自動車部品，電子・電機部品，家電，事務機器等の製造業を主として念頭においています。

## 1　移転価格税制への対処の重要性

　移転価格税制は，法人が後述の国外関連者と行う取引の対価の額を通じて，わが国の所得が海外に移転することを防止する目的で導入されています。制度としては，その取引の対価の額が一般の取引価格（以下，「独立企業間価格」）と異なることにより，わが国の法人の所得の金額が減少することとなる場合には，国外関連者との取引を独立企業間価格で行ったものとして，法人の各事業年度の所得を計算するものです。

上記の「国外関連者」とは、発行済株式の総数又は出資金額の100分の50以上の株式又は出資の金額を直接又は間接に保有する関係（以下、「出資関係」）、あるいは50％以上の出資関係がない場合でも役員関係、取引依存関係、資金依存関係等で実質的な支配関係が認められる関係のある外国法人であり、海外子会社であれば基本的に該当することになります。

移転価格税制においては、海外子会社と行う様々な取引が対象となります。そして、製品、半製品、ＣＫＤ部品等の輸出・輸入に係る棚卸資産取引、あるいは現地生産を行うための製造技術・ノウハウ等を子会社に供与する無形資産取引など、海外事業の根幹となる経常的な取引も当然含まれます。

したがって、このような事業上の主要な取引に対し、移転価格課税を受けるような事態が生じた場合、相当の取引規模で同様の取引状況（取引形態、価格設定方法等）が継続されている場合が多く、移転価格税制の遡及期間である6年にわたって同様の問題で課税を受け、その結果、追徴税額が多額に上る可能性が高くなります。また、過去の取引の問題に留まらず、課税処理対象年度以後の事業年度（以下、「後続年度」）においても同様の移転価格税制の適用上の問題が生じることになります。そして、後続年度の移転価格課税を回避するためには、従来の価格設定方法の見直し等を含めたビジネスモデルの再設計が求められることがあり、単に税務上の問題に留まらず事業戦略に対しても重要な影響を及ぼす可能性があるといえます。

このため、海外子会社がある法人は、その海外子会社との取引について、移転価格税制を十分考慮した対応をとる必要があります。

## 2　移転価格税制と法人税申告書「国外関連者に関する明細書」（別表十七㈣）

海外子会社と取引のある法人は、法人税申告に際し、その申告書に別表十七㈣を添付することになります。別表十七㈣は、移転価格税制が昭和61年度の税制改正で導入されて以来(注)、当初の項目から記載対象が逐次追加され、現在

の様式に至っています。この別表において記載を求められている項目は，税務当局が移転価格税制上の検討を概観的に行う上で必用となる事項としてポイントを絞り込んだ結果の内容になっていると思われます。これは，国税庁が移転価格税制に関する事務運営をどのように行っていくかについて定め公表している「移転価格事務運営要領の制定について（事務運営指針）平成22年6月22日付」（以下「事務運営要領」）の「第2章　調査」2－3で，別表十七㈣に関して次のように規定していることからも窺えます。

そこで，本節では，会社税務として身近な法人税申告書に添付される別表十七㈣とそこで記載を求められている事項に焦点を当て，その意義と留意点について移転価格税制を実務的に解説します。

（注）平成21年4月1日以降終了する事業年度の以前の事業年度については，「国外関連者に関する明細書」の別表番号は別表十七㈢でした。

> **（別表十七㈣の添付状況の検討）**
> 2－3　国外関連取引を行う法人が，その確定申告書に「国外関連者に関する明細書」（法人税申告書別表十七㈣）を添付していない場合又は当該別表の記載内容が十分でない場合には，当該別表の提出を督促し，又はその記載の内容について補正を求めるとともに，当該国外関連取引の内容について一層的確な把握に努める。

## 3　別表十七㈣に基づく移転価格税制の実務的解説

### ❶　別表十七㈣の記載事項と記載方法

法人が国外関連者と取引を行った場合に，別表十七㈣において，その国外関連者とその取引に関係する以下に述べる事項を記載することになります。

a　国外関連者の名称等
　①　名　　称
　②　本店又は主たる事務所の所在地

③ 主たる事業

例えば，「甲（製品種類）の製造」と記載します。

④ 従業員の数

国外関連者における従業員の数を記載します。

⑤ 資本金の額又は出資金の額

国外関連者の所在地国の通貨で記載します。

⑥ 特殊の関係の区分（「第　該当」の記載）

法人の国外関連者となる関係について，措置法令39条の12第1項各号のうち，いずれの号に該当するかを記載します。各号の概要は次のとおりです。

1号：親子関係（法人又は国外関連者が他方を直接・間接で50％以上の株式等を保有する関係）

2号：兄弟関係（同一の者が法人及び国外関連者を直接・間接で50％以上の株式等を保有する関係）

3号：実質的支配関係（法人又は国外関連者が他方を役員関係等により事業方針の全部又は一部を実質的に決定できる関係）

4号：直列的連鎖関係（法人と国外関連者が上記3号の実質的支配関係（及び直接・間接で50％以上の株式等の保有で判定する関係）により直列的に連鎖している関係）

5号：並列的連鎖関係（法人と国外関連者が上記3号の実質的支配関係（及び直接・間接で50％以上の株式等の保有で判定する関係）により並列的に連鎖している関係）

⑦ 株式等の保有割合

イ　保　　有

法人が直接又は間接に保有する国外関連者の株式等の保有割合を記載します。内書には直接保有割合を記載します。

ロ　被　保　有

法人が国外関連者により直接又は間接に保有されている株式等の保有割合を記載します。上記⑥の2号又は5号に該当する場合には，法人が

その同一の者により直接もしくは間接に保有されている株式等の保有割合を記載します。内書には，国外関連者又はその同一の者による直接保有割合を記載します。
　　ハ　同一の者による国外関連者の株式等の保有
　　　国外関連者が同一の者により直接又は間接に保有されている株式等の保有割合を記載します。内書には，その同一の者による直接保有割合を記載します。
⑧　直近事業年度の営業収益等
　法人の申告事業年度と同じ又は最も近い国外関連者の事業年度に関する次の各項目について，国外関連者がその会計帳簿の作成に当たり使用する外国通貨によりそれぞれ記載するとともに，カッコ内に円換算した金額を百万円単位で記載します。
　　イ　事業年度
　　ロ　営業収益又は売上高
　　ハ　営業費用（(イ)　原価，(ロ)　販売費及び一般管理費）
　　ニ　営業利益
　　ホ　税引前当期利益
　　ヘ　利益剰余金
b　国外関連者との取引状況等
　次の取引の種類ごとに，イ　受取，ロ　支払の欄に，国外関連者との取引金額を百万円単位（端数は四捨五入），実績値で記載します。
　また，ハ　算定方法の欄には，各取引について法人が選定した独立企業間価格の算定方法について記載します。
①　棚卸資産の売買の対価
②　役務提供の対価
③　有形固定資産の使用料
④　無形固定資産の使用料
⑤　貸付金の利息又は借入金の利息

別表十七(四) 平二十二・四・一以後終了事業年度又は連結事業年度分

# 国外関連者に関する明細書

| 事業年度又は連結事業年度 | ・　　・ | 法人名 | （　　　　） |
|---|---|---|---|

## a 国外関連者の名称等

| | | | | | |
|---|---|---|---|---|---|
| ① | 名称 | | | | |
| ② | 本店又は主たる事務所の所在地 | | | | |
| ③ | 主たる事業 | | | | |
| ④ | 従業員の数 | | | | |
| ⑤ | 資本金の額又は出資金の額 | | | | |
| ⑥ | 特殊の関係の区分 | 第　　該当 | 第　　該当 | 第　　該当 | |
| ⑦ 株式等の保有割合 | イ 保有 | (内　%)　% | (内　%)　% | (内　%)　% | |
| | ロ 被保有 | (内　%)　% | (内　%)　% | (内　%)　% | |
| | ハ 同一の者による国外関連者の株式等の保有 | (内　%)　% | (内　%)　% | (内　%)　% | |
| ⑧ 直近事業年度の営業収益等 | イ 事業年度 | 平・・<br>平・・ | 平・・<br>平・・ | 平・・<br>平・・ | |
| | ロ 営業収益又は売上高 | (　　百万円) | (　　百万円) | (　　百万円) | |
| | ハ 営業費用 (イ) 原価 | (　　百万円) | (　　百万円) | (　　百万円) | |
| | (ロ) 販売費及び一般管理費 | (　　百万円) | (　　百万円) | (　　百万円) | |
| | ニ 営業利益 | (　　百万円) | (　　百万円) | (　　百万円) | |
| | ホ 税引前当期利益 | (　　百万円) | (　　百万円) | (　　百万円) | |
| | ヘ 利益剰余金 | (　　百万円) | (　　百万円) | (　　百万円) | |

## b 国外関連者との取引状況等

| | | | | | |
|---|---|---|---|---|---|
| ① 棚卸資産の売買の対価 | イ 受取 | 百万円 | 百万円 | 百万円 | |
| | ロ 支払 | | | | |
| | ハ 算定方法 | | | | |
| ② 役務提供の対価 | 受取 | 百万円 | 百万円 | 百万円 | |
| | 支払 | | | | |
| | 算定方法 | | | | |
| ③ 有形固定資産の使用料 | 受取 | 百万円 | 百万円 | 百万円 | |
| | 支払 | | | | |
| | 算定方法 | | | | |
| ④ 無形固定資産の使用料 | 受取 | 百万円 | 百万円 | 百万円 | |
| | 支払 | | | | |
| | 算定方法 | | | | |
| ⑤ 貸付金の利息又は借入金の利息 | 受取 | 百万円 | 百万円 | 百万円 | |
| | 支払 | | | | |
| | 算定方法 | | | | |
| ⑥ | 受取 | 百万円 | 百万円 | 百万円 | |
| | 支払 | | | | |
| | 算定方法 | | | | |
| | 受取 | 百万円 | 百万円 | 百万円 | |
| | 支払 | | | | |
| | 算定方法 | | | | |

## c

| 事前確認の有無 | 有・無 | 有・無 | 有・無 |
|---|---|---|---|

法 0301-1704

⑥ その他（空欄につき適宜）

なお，独立企業間価格の算定に影響を与える特別な事情が生じた場合には，その具体的な内容を別紙に記載し添付することが求められています。特別な事情とは，例えば，生産拠点の海外移転，取引形態・流通形態の変更，買収・合併等による事業再編などです。

c 事前確認の有無

独立企業間価格の算定方法についてわが国又は国外関連者所在地国の税務当局による事前確認の有無を記載します。

## ❷ 記載事項の意義と留意事項

a 「国外関連者の名称等」の各項目に関して

＜⑥「特殊の関係の区分」＞

移転価格税制の対象となる国外関連者の把握が求められます。

移転価格税制における国外関連者は，海外子会社に止まらず，上述の1号から5号の場合のように株式等の保有関係に基づく孫会社あるいは曾孫会社等，兄弟会社あるいは従兄弟会社等も対象となり，また，形式的に株式等の保有関係が直接又は間接で50％に満たなくとも，実質的支配関係のつながりを含めて判定されますので，ご留意ください。

＜③「主たる事業」及び④「従業員の数」と⑧「直近事業年度の営業収益等」＞

移転価格税制における基本的な考え方として，国外関連取引の当事者が果たしている事業上の機能及び負っているリスクに相応の利益状況を得ているかが重要視されます。

したがって，移転価格税制を考える上で，機能及びリスクの検討は基本となる重要な事項です。この分析は基本的に事実関係を積み上げ，細部までの検討を要する作業ですが，「主たる事業」の内容とそこに従事する「従業員の数」が記載されることにより，国外関連者の機能を極めて概観的に示す基本的な情報が求められます。

税務当局の観点を想定した場合，「主たる事業」の内容に基づき，各国（各地域）における類似業種の概ねの利益水準と⑧の「直近事業年度の営業収益等」を対比し，移転価格問題の有無が検討できます。また，「従業員の数」と果たしている機能の多寡には相関関係があると考えられるため，⑧の「直近事業年度の営業収益等」における収益状況が，その想定される機能に見合った適切な水準であるかも検討できます。

　なお，このような検討を税務当局が調査選定等の過程の中で行うことは，次の事務運営要領２－１から伺えます。

---

（調査の方針）

２－１　調査に当たっては，移転価格税制上の問題の有無を的確に判断するために，例えば次の事項に配意して国外関連取引を検討することとする。この場合においては，形式的な検討に陥ることなく個々の取引実態に即した検討を行うことに配意する。

(1)　法人の国外関連取引に係る売上総利益率又は営業利益率等（以下「利益率等」という。）が，同様の市場で法人が非関連者と行う取引のうち，規模，取引段階その他の内容が類似する取引に係る利益率等に比べて過少となっていないか。

(2)　法人の国外関連取引に係る利益率等が，当該国外関連取引に係る事業と同種で，規模，取引段階その他の内容が類似する事業を営む非関連者である他の法人の当該事業に係る利益率等に比べて過少となっていないか。

(3)　法人及び国外関連者が国外関連取引において果たす機能又は負担するリスク等を勘案した結果，法人の当該国外関連取引に係る利益が，当該国外関連者の当該国外関連取引に係る利益に比べて相対的に過少となっていないか。

b 「国外関連者との取引状況等」に関して
(i) イ「受取」及びロ「支払」の各欄

　対象となる国外関連者との間に，どのような種類の取引があり，どの程度の取引規模であるのか具体的な取引金額を示すことが求められます。

　税務当局の観点を想定した場合，取引の種類とその取引規模を，aブロック⑧の「直近事業年度の営業収益等」と総合的に勘案することにより，移転価格税制の適用に当たっての問題点の所在と大きさについて，より具体的な検討がなされていると思われます。

　ところで，移転価格税制の対象となる次の取引について，各々，以下の点について留意が必要と思われます。

＜②「役務提供の対価」＞

　親会社はグループの運営のため様々な経営・財務・事務管理上の活動を行っています。この中で，その活動が子会社等にとって「経済的又は商業的価値」を有する場合，企業グループ内役務提供として移転価格税制の対象になりますのでご留意ください。

　経営・財務・事務管理上の活動とは，例えば次のような業務です。

⒤　企画又は調整
㊥　予算の作成又は管理
㊮　会計，税務又は法務
㊁　債権の管理又は回収
㊭　情報通信システムの運用，保守又は管理
㊋　キャッシュ・フロー又は支払い能力の管理
㊤　資金の運用又は調達
㊦　利子率又は外国為替レートに係るリスク管理
㊨　製造，購買，物流又はマーケティングに係る支援
㊫　従業員の雇用，配置又は教育
㊬　従業員の給与，保険等に関する事務
㊩　広告宣伝（㊨に掲げるマーケティングに係る支援を除く。）

<④「無形固定資産の使用料」>

　わが国における移転価格調査の傾向としては，特に無形資産の取引（技術等の使用許諾等の対価）を注視していると思われます。これは，これまでの日本で製造した製品を輸出するというビジネスモデル（図表1－18参照）から，多くの会社が製造技術を海外子会社等に供与し現地製造・現地販売（又は第三国へ販売）するという，日本の親会社が海外での製品販売取引の商流に入らないビジネスモデル（図表1－19参照）に移行していることが背景となっています。そして，研究開発活動という事業継続のための根幹に関わる重要な役割を果たす親会社が，その成果としての利益をロイヤルティにより適正に享受し所得に十分反映されているかが，わが国の移転価格税制の執行上，重要な検討項目となっているためと思われます。

　このような無形資産取引において留意すべき点として，親会社が所有する特許権等の法的な工業所有権の使用でなくても，製造技術，製造ノウハウ等を子会社に供与していれば，技術援助契約等の有無にかかわらず無形資産取引が認識されるのでご留意ください。なお，移転価格税制上の無形資産の定義については下記をご参照ください。

　また，日本親会社が国外関連者との間における棚卸資産の輸出・輸入取引の金額が僅少である場合で，無形資産の使用料の金額も小さければ，その国外関連者との取引について大きな移転価格税制の問題がないと考えるかもしれません。しかしながら，使用料の金額が小さいことがむしろ移転価格税制

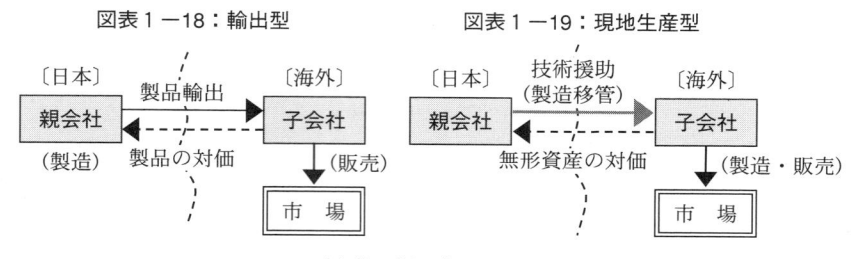

図表1－18：輸出型　　　　図表1－19：現地生産型

（出典：新日本アーンスト　アンド　ヤング税理士法人）
※旬刊経理情報2008年8月1日号掲載

上で大きな問題を内包している可能性がありますので，ご留意ください。
【移転価格税制上の無形資産の定義：措置法通達66の4⑵－3の⑻】
- 著作権
- 特許権，実用新案権，意匠権及び商標権の工業所有権及びその実施権等
- 生産その他業務に関し繰り返し使用し得るまでに形成された創作（独自の考案又は方法を用いた生産についての方式，これに準ずる秘けつ，秘伝その他特別に技術的価値を有する知識及び意匠等をいい，ノウハウや機械，設備等の設計及び図面等に化体された生産方式，デザインを含む。）
- 顧客リスト，販売網
- 上記のほか，重要な価値のあるもの

＜⑥　その他の対象となる取引として「信用保証の対価」＞

　国外関連者が現地金融機関からの借入により資金調達する際に，親会社が金融機関に対し債務保証をする場合があります。債務保証は一般的な経済取引であり，移転価格税制の対象となります。

　また，正規の債務保証でなく金融機関との信用関係に基づく便宜的なものとして，国外関連者の信用上の問題が生じた場合にその債務の保証を行うことを金融機関等に約束する保証予約についても，金融機関に対し実質的な保証と同等の効果がある場合には，国外関連者に対し信用供与していると認められることから，オフ・バランスであっても債務保証と同様に移転価格税制の対象となりますのでご留意ください。

（ⅱ）　ハ「算定方法」の欄

　　各取引について法人が選定した独立企業間価格の算定方法について記載が求められます。わが国においては，国外関連者との取引が移転価格税制に照らし適正かどうか判断する上で必要と認められる記録を作成・保持しておくこと（以下，「移転価格文書化」）を法令の定めにより義務付けられていません。しかしながら，この欄に各取引の対価について独立企業間価格の算定方法を選定し記載する以上，税務調査に際し，記載した算定方法の選定理由及びその適用結果等について，税務当局から問われることは十分想定されるところ

です。平成22年度税制改正では，移転価格調査の際に税務当局が独立企業間価格を算定するために必要と認められる資料とは何か，租税特別措置法施行規則（以下，「規則」）の中に明示されました。この内容は，事務運営要領2－4において従前より示されていた内容（同要領2－4のうち(2)及び(3)の部分）と概ね同じもので，国外関連取引の内容を記載した書類及び法人が国外関連取引に係る独立企業間価格を算定するための書類について具体的に規定されています。また，同要領2－4において，法人及び国外関連者ごとの資本関係及び事業内容を記載した書類及びその他の書類についても，調査時に提出を求める対象として例示されています。

　これらの書類が移転価格調査開始前に準備されていなかったとしても法令上の罰則はありませんが，実際に調査を受け税務当局から提出を求められたときに，遅滞なく対応しなかった場合には移転価格税制上の推定規定が適用される恐れが身近なものとなります。推定規定が適用され課税された場合，国内救済措置により当局と争うとしても，納税者側は，①更正決定が推定規定の要件を満たしていないこと，または②納税者の主張する価格が法定された算定方法による独立企業間価格であることを立証することが必要となり，極めて難しい状況に追い込まれることになります。また，租税条約に基づく相互協議が可能な場合でも，推定規定の適用の場合は，合意に達することが難しくなるといわれており，二重課税の排除が難しくなると思われます。このため，推定規定の適用を受けることはダメージが大きく，これを回避する必須と考えられます。

　現実的な問題として，移転価格の調査が開始されてから，そのとき初めて規則及び事務運営要領に定める書類を遅滞なく提出すべく準備するのでは，法人の事務負担も相当大きいと思われます。したがって，各取引について移転価格税制上で適正であることを調査が開始される前に検討しておくことが実質的に求められているといえ，移転価格税制への対応として相応の準備をしておくことが望ましいと思われます。

**租税特別措置法施行規則22条の10**

① 法第66条の４第１項に規定する国外関連取引（以下この項において「国外関連取引」という。）の内容を記載した書類として次に掲げる書類

　イ　当該国外関連取引に係る資産の明細及び役務の内容を記載した書類

　ロ　当該国外関連取引において法第66条の４第６項の法人及び当該法人に係る国外関連者（同条第１項に規定する国外関連者をいう。以下この項において同じ。）が果たす機能並びに当該国外関連取引において当該法人及び当該国外関連者が負担するリスク（為替相場の変動，市場金利の変動，経済事情の変化その他の要因による当該国外関連取引に係る利益又は損失の増加又は減少の生ずるおそれをいう。）に係る事項を記載した書類

　ハ　法第66条の４第６項の法人又は当該法人に係る国外関連者が当該国外関連取引において使用した無形固定資産その他の無形資産の内容を記載した書類

　ニ　当該国外関連取引に係る契約書又は契約の内容を記載した書類

　ホ　法第66条の４第６項の法人が，当該国外関連取引において当該法人に係る国外関連者から支払を受ける対価の額又は当該国外関連者に支払う対価の額の設定の方法及び当該設定に係る交渉の内容を記載した書類

　ヘ　法第66条の４第６項の法人及び当該法人に係る国外関連者の当該国外関連取引に係る損益の明細を記載した書類

　ト　当該国外関連取引に係る資産の販売，資産の購入，役務の提供その他の取引について行われた市場に関する分析その他当該市場に関する事項を記載した書類

　チ　法第66条の４第６項の法人及び当該法人に係る国外関連者の事業の方針を記載した書類

　リ　当該国外関連取引と密接に関連する他の取引の有無及びその内容を記載した書類

② 法第66条の4第6項の法人及び当該法人に係る独立企業間価格を算定するための書類として次に掲げる書類
　イ　当該法人が選定した法第66条の4第2項に規定する算定の方法及びその選定の理由を記載した書類その他当該法人が独立企業間価格を算定するに当たり作成した書類（ロからホまでに掲げる書類を除く。）
　ロ　当該法人が採用した当該国外関連取引に係る比較対象取引の選定に係る事項及び当該比較対象取引等の明細を記載した書類
　ハ　当該法人が施行令第39条の12第8項第1号に掲げる方法を選定した場合における同号に規定する当該法人及び当該法人に係る国外関連者に帰属するものとして計算した金額を算出するための書類
　ニ　当該法人が複数の国外関連取引を一の取引として独立企業間価格の算定を行つた場合のその理由及び各取引の内容を記載した書類
　ホ　比較対象取引等について差異調整を行った場合のその理由及び当該差異調整等の方法を記載した書類

（調査時に検査を行う書類等）
2－4　調査においては，例えば次に掲げる書類（帳簿その他の資料を含む。）から国外関連取引の実態を的確に把握し，移転価格税制上の問題があるかどうかを判断する。
　(1)　法人及び国外関連者ごとの資本関係及び事業内容を記載した書類等
　　イ　法人及び関連会社間の資本及び取引関係を記載した書類
　　ロ　法人及び国外関連者の沿革及び主要株主の変遷を記載した書類
　　ハ　法人にあっては有価証券報告書又は計算書類その他事業内容を記載した書類，国外関連者にあってはそれらに相当する書類
　　ニ　法人及び国外関連者の主な取扱品目及びその取引金額並びに販売市場及びその規模を記載した書類
　　ホ　法人及び国外関連者の事業別の業績，事業の特色，各事業年度の

特異事項等その事業の内容を記載した書類
(2)　措置法施行規則第22条の10第1項第1号《国外関連取引の内容を記載した書類》に掲げる書類
(3)　措置法施行規則第22条の10第1項第2号《独立企業間価格を算定するための書類》に掲げる書類
(4)　その他の書類
　　イ　法人及び国外関連者の経理処理基準の詳細を記載した書類
　　ロ　外国税務当局による国外関連者に対する移転価格調査又は事前確認の内容を記載した書類
　　ハ　移転価格税制に相当する外国の制度にあって同制度の実効性を担保するために適正な資料作成を求める規定（いわゆるドキュメンテーション・ルール）に従って国外関連者が書類を準備している場合の当該書類
　　ニ　その他必要と認められる書類等

（出典：国税庁事務運営要領）

　選定する算定方法としては，独立価格比準法，再販売価格基準法，原価基準法の三法（以下，「基本三法」）と，これら基本三法の適用ができない場合に限り，基本三法に準ずる方法又はその他政令で定める方法の適用が認められています。その他政令で定める方法としては，利益分割法，取引単位営業利益法，又は取引単位営業利益法に準ずる方法があります。
　法人が独立企業価格の算定方法の選定を考える場合，適用順位で優先される基本三法を適用しようとしても，実務的にはほとんどの場合が困難であり，結果的には，その他の政令で定める方法の適用を検討することが多いかと思われます。これは，基本三法を適用するためには国外関連取引と比較可能な非関連者との取引を必要としますが，法人又は国外関連者が対象となる国外関連取引と比較可能な非関連者との取引（内部比準取引）を行っていることは稀であり，その場合，比較対象取引の情報を外部に求めても入手することが

難しいからです。

　他方，その他政令で定める方法では，例えば取引単位営業利益法の場合，その特徴としては，一般に入手可能な公開情報が活用できることです。基本三法との相違点は，再販売価格基準法及び原価基準法が売上総利益をベースにした利益指標により比較することに対し，取引単位営業利益法では営業利益をベースにした利益指標により比較することとしています。売上総利益をベースとして移転価格を分析する場合，検証する国外関連取引と比較対象取引の対象製品の類似性，売上原価の範囲の同一性等が厳しく求められます。

　しかし，他社に関する一般に入手可能な公開情報の内容では，製品の類似性，売上原価の範囲等の差異の調整を行うことはほとんど不可能であることから比較可能性が確保できないと思われます。このため，基本三法の適用を考える場合，公開情報に基づき比較対象取引を求めることは困難であると言わざるを得ません。これに対し営業利益をベースとして移転価格を分析する場合には，売上原価と販売費及び一般管理費から成る総原価を控除した後の利益であることから，公開情報に拠ったとしても営業利益を算定する基となる総原価（売上原価及び販売費・一般管理費の合計）の範囲の同一性は基本的に確保されています。

　また，営業利益ベースとすることで，販売費及び一般管理費の発生の元となる事業活動を含め勘案することから，事業活動の機能の類似性に着目することも可能であるといわれています。このため，取引単位営業利益法の適用を考える場合，一般に入手可能な公開情報に基づき比較対象取引を求めることも可能な場合が多いと思われます。取引単位営業利益法は，基本三法のような厳密な比較可能性を確保できない反面，一般の法人であっても公開情報を活用できることで，次善の方法ですが独立企業間価格の算定方法として適用できる場合が多いと考えられます。

　c　「事前確認の有無」に関して
　　事前確認制度は，移転価格税制に係る法人の予測可能性を確保できる制度

として，税務当局が推奨する手続きです。事前確認には，わが国又は国外関連者が所在する国の税務当局の単独によるものと，租税条約に基づき権限ある当局による相互協議手続きを伴うわが国と国外関連者が所在する国の二国間によるものがあります。同制度に基づき，わが国の税務当局から国外関連取引に関する独立企業間価格の算定方法について事前確認を得ている場合には，移転価格調査の対象にはなりません。ただし，国外関連者の所在する国だけの単独で事前確認を得ている場合，わが国の税務当局はその内容に何ら拘束されないため，移転価格調査の対象になり得ることにご留意ください。

## 4 タックス・ヘイブン対策税制との適用関係

海外に子会社を有している会社特有の税務として，タックス・ヘイブン対策税制の適用の可能性がありますが，国外関連者がタックス・ヘイブン対策税制における特定外国子会社等に該当する場合の適用関係は，移転価格税制が優先適用されます。具体的には，特定外国子会社等との取引について移転価格税制を適用した場合には，その特定外国子会社等に係る所得の金額又は欠損の金額の計算において，その取引が独立企業間価格で行われたものとして計算することにより，移転価格税制がタックス・ヘイブン対策税制よりも先に適用されます。

## 5 ま と め（移転価格税制の特質）

これまで，わが国の観点から移転価格税制について解説してきましたが，移転価格税制の本質として国際間の所得配分を問題にした税制であり，国外関連取引の相手国においても，その取引が同様に移転価格税制の対象になり得るという性質があります。

したがって，わが国の税制に照らして全く問題がない場合でも相手国側では逆に問題となる場合があります。また，移転価格税制の理解を誤り，あるいは，

考慮しないで放置していると，最悪の場合はわが国と相手国の双方で問題視されることがあります。特に，取引を通して得られるグループ内での合算利益が非常に乏しい場合，又は赤字の場合には，双方で問題視される可能性が高くなると思われます。

　子会社形態による事業の海外展開が進み，グループ間取引が増加する中で，中国等をはじめ諸外国での移転価格税制の執行は強化される傾向にあります。また，海外子会社配当等益金不算入制度の創設により海外子会社の所在地国の税率が低い場合には，海外子会社に利益を移転した上で配当により回収することでのグループ全体での税の軽減を図るような事態に対処するため，わが国においても移転価格税制の執行が更に強化されることも考えられます。

　このため，海外に子会社がある法人は，ますます移転価格税制を考慮した対応を求められることになると思われます。

　　　　　　　　　　　　　　　　　　　　　　　　（税理士　佐藤雅弘）

# 第5節　SPCを利用した取引の会計処理と税務

　本節で取り上げる「特別目的会社（以下，「SPC」）を利用した取引の会計処理と税務」は，一般的に不動産や金融資産の流動化取引において論点となるものです。このため，不動産会社や金融機関において，特に問題となる論点ですが，その他資産の流動化を行っている会社であれば，影響がある可能性があるものです。

　なお，このSPCの取扱いについては，企業会計基準委員会（以下，「ASBJ」）より，「連結財務諸表における特別目的会社の取扱い等に関する論点の整理」が公表され，引き続き検討するとされたものの，出資者等の子会社に該当しないものと推定するという取扱いを削除することが考えられるとされました。したがって，今後の議論によっては，大きく取扱いが異なってくる可能性はありますが，本節では現時点での取扱いを中心に理解を深めてください（執筆時点は平成22年9月1日）。

> **（対象となる業種）**
> 　不動産会社や金融機関が，SPCを利用した取引を多く行っているものと思われますが，その他流動化取引を行っている会社であれば，関係があるため，会社全般に影響があるものと考えられます。
> 　なお，不動産の流動化については，リスク・経済価値アプローチの考え方，金融資産の流動化については，財務構成要素アプローチの考え方が採用されています。このことから，不動産流動化の方が，論点は多いものと考えられます。

## 1　SPCとは

特別目的会社（SPC）とは，資産の流動化に関する法律（いわゆるSPC法）第2条第3項に規定する特定目的会社（以下，「TMK」）及び事業内容の変更が制限されているこれと同様の事業体をいいます。そして，SPCは，適正な価額で譲り受けた資産から生ずる収益を当該SPCが発行する証券の所有者に享受させることを目的として設立されており，当該SPCの事業がその目的に従って適切に遂行されているときは，当該SPCに対する出資者等から独立しているものと認め，出資者等の子会社に該当しないものと推定される（財務諸表等規則第8条第7項）とされています。そして，このような推定規定から，SPCは流動化取引に多用され，現在に至っています。

### ❶　SPCの種類

SPCは，特定目的会社及び事業内容の変更が制限されているこれと同様の事業体と定義されていますが，この「事業体」は，財務諸表等規則第8条第3項の子会社の定義に用いられる「会社等」と同様に，会社，組合その他これらに準ずる事業体を指すものと考えられます。そして，「その他これらに準ずる事業体」としては，パートナーシップその他これらに準ずる事業体で営利を目的とする事業体が考えられますので，「特定目的会社と事業内容の変更が制限されているこれと同様の事業体」には，会社（株式会社，有限会社，合同会社が含まれる。），組合（商法上の匿名組合，民法上の任意組合が含まれる。）のほか，特定目的会社と同様の事業を営む海外における事業体や中間法人等が含まれるものと考えられます。

なお，信託についても，その二重課税の回避や倒産隔離の確保からSPCとして考えられますが，一般的に会計上は，信託導管論にしたがい，自らその信託財産を保有しているものと同様の会計処理を行うため，信託することのみをもって流動化取引を行うケースは，少ないものと考えられます。

## ❷ 適格ＳＰＣ

　前述のとおり，ＳＰＣには，連結子会社に該当しないとの推定規定があります。ここで，この推定規定ですが，単にＳＰＣ法上のＴＭＫであることや事業内容の変更が制限されている事業体であることだけでは，出資者等の子会社に該当しないものとは，推定されないことに留意が必要です。あくまで，「適正な価額による資産の譲渡」及び「事業内容及びその変更の制限」並びに「目的に従った事業の遂行」の３要件を満たしたＳＰＣのみが，当該推定規定の対象となります。

　これは，わが国における連結財務諸表の子会社の範囲が，実質支配力基準により決定されることに起因します。すなわち，当該３要件が満たされているＳＰＣであれば，あらかじめ定められている計画にしたがい粛々と業務が遂行されているにすぎないため，出資者等から実質的な支配を受けないものと推定されるのです。

　したがって，ＳＰＣを利用した流動化取引を行うにあたっては，この趣旨を逸脱しないように，十分留意する必要があります。特に不動産の開発を目的としたＳＰＣについては，開発行為という性質上，事業内容の変更の可能性も高く，注意が必要です。

## ❸ 実務対応報告第20号の取扱い

　ＳＰＣの連結に当たっては，前述の要件を満たしていれば，推定規定の適用を受けられますが，このほかＡＳＢＪが公表した実務対応報告第20号「投資事業組合に対する支配力基準及び影響力基準の適用に関する実務上の取扱い」（平成21年３月27日最終改訂）にも留意が必要です。

　この実務対応報告によると，株式会社における議決権を想定した連結会計基準等を投資事業組合に適用する場合には，業務執行の権限を用いることにより支配力を判断することが適当とされています。ここで，通常，ＳＰＣでは，定められた計画を適切に運営するため，アセットマネジメント（以下，「ＡＭ」）会社とＡＭ契約を締結することが一般的です。このＡＭ契約は，通常，投資家の

利益の最大化を目的としているため、管理業務に準じたものと考えられますが、AM会社がSPCに同時に出資していたり、AM契約そのものの内容によっては、営業者SPCの業務執行権の一部又は全部を委託しているものと解釈される場合もあります。したがって、総合的な視点から実質的な支配力について、検討する必要があります。

## 2　SPCを利用した流動化取引の会計処理

### ❶　典型的な流動化スキーム

　SPC法に基づくTMKを利用して流動化取引を行うことはもちろんですが、現実には、手続の煩雑性やそれに伴うコスト増等の理由により、様々なスキームにより流動化取引が実施されています。ここで、TMK以外の一般的なスキームについて、紹介しておきます。

　なお、不動産の流動化については、リスク・経済価値アプローチの考え方、金融資産の流動化については、財務構成要素アプローチの考え方が採用されているため、一般的なスキームも両者で大きく異なります。

① 不動産の流動化

　不動産の流動化取引においては、ケイマンSPC等を通じて、合同会社（以下、「GK」）を設立し、これに匿名組合契約（以下、「TK」）を組み込むことにより、スキームを組成するケースが多く見られます（GK-TKスキーム）。なお、この場合、流動化される不動産は、通常、信託受益権化して流動化されています。これは、不動産のままである場合、不動産特定共同事業法の適用を受け、かえってスキームが煩雑となってしまうためです。

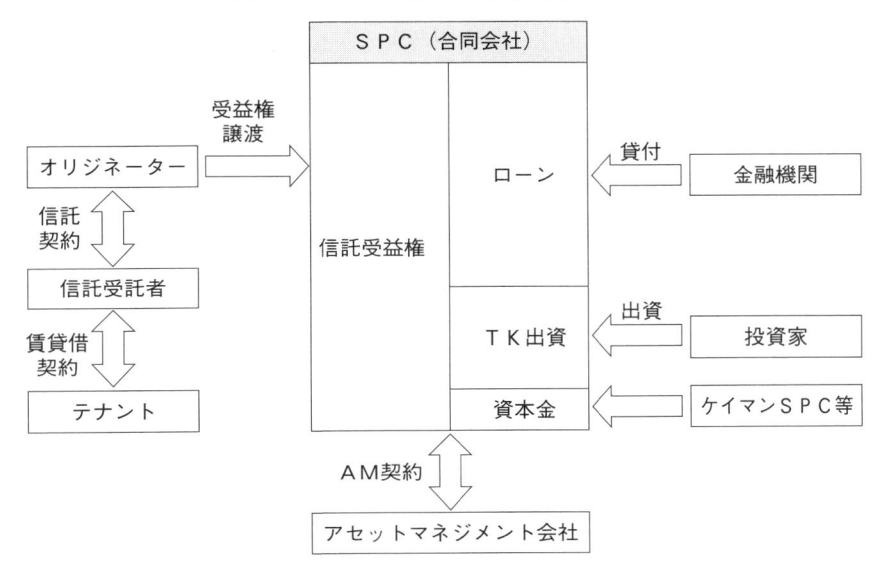

図表1−20 典型的な不動産流動化スキーム

② 金融資産の流動化

　金融資産の流動化は，財務構成要素アプローチによって判断されるため，商品設計によっては，相当複雑な取引になることも考えられます。このため，ここでは最も単純な取引を紹介します。

　よくある金融資産の流動化取引としては，売掛金等の営業債権の流動化が挙げられます。この場合，当該営業債権を信託受益権化し，優先劣後構造に分解した上で，優先部分をSPCや投資家に譲渡する方法が一般的です。

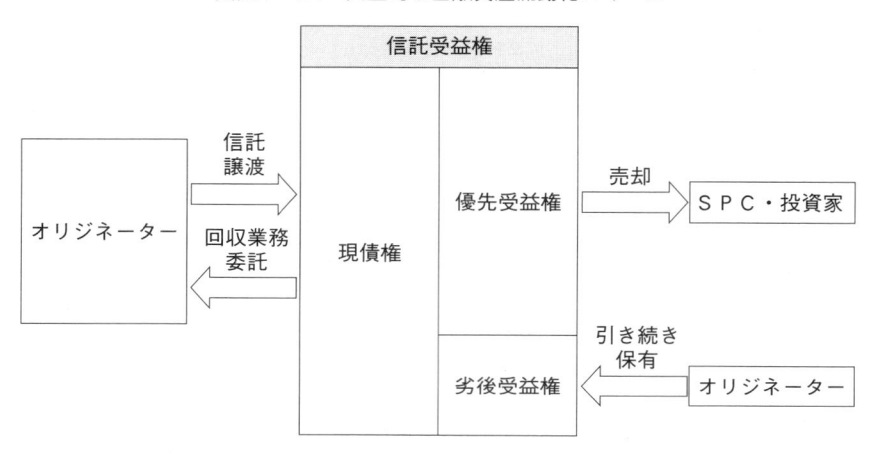

図表1−21　典型的な金融資産流動化スキーム

[図: オリジネーターから信託受益権（現債権）へ信託譲渡、回収業務委託。信託受益権は優先受益権（SPC・投資家へ売却）と劣後受益権（オリジネーターが引き続き保有）に分かれる]

## ❷　流動化取引の会計処理

　前述のとおり，不動産の流動化取引と金融資産の流動化では考え方が大きく異なるため，それぞれに分けて解説したいと思います。なお，流動化に用いられるSPCは，財務諸表等規則第8条第7項の推定規定を満たすものとします。

### ①　不動産の流動化

　不動産の流動化取引については，会計制度委員会報告第15号「特別目的会社を活用した不動産の流動化に係る譲渡人の会計処理に関する実務指針」（以下，「流動化実務指針」）（平成12年7月31日，日本公認会計士協会）に留意する必要があります。これは，不動産を譲渡したにもかかわらず，地価下落その他の当該流動化した不動産に係るリスクが依然として譲渡人に存在していると認められるケースまで，売却取引と扱うことが適当でないことから定められた指針です。

　ここで，不動産の流動化取引は，リスク・経済価値アプローチの考え方が採用されています。このリスク・経済価値アプローチとは，資産の有するリスクと経済価値のほとんどすべてが他に移転した場合に当該資産の消滅を認識する方法です。この流動化実務指針では，第13項において，その具体的な判断基準を，流動化する不動産の譲渡時の適正な時価に対するリスク負担の金額の割合

がおおむね5％の範囲内であれば，リスクと経済価値のほとんどすべてが他の者に移転しているものとして取り扱うとされています（いわゆる5％ルール）。

なお，このリスクと経済価値の移転について，流動化実務指針では，①譲渡した不動産の管理業務，②買戻し条件付での譲渡，③ＳＰＣが売戻しの権利を保有，④キャッシュ・フローや残存価額を実質的に保証，⑤ＳＰＣの発行する証券の保有，⑥譲渡不動産の開発，⑦セール・アンド・リースバック取引が，継続的関与として例示され，十分検討する必要があるとされています。このため，不動産の流動化取引にあたっては，これらの例示を含むスキーム全体の構成内容等を踏まえて，リスク負担割合の実質的な判断を行う必要があります。

不動産の流動化取引について，2❶①のケースを想定し，5％ルールを満たした場合と満たさない場合について，それぞれ仕訳例を示すと次のようになります。

**不動産の流動化の仕訳例（上記2❶①のケース）**

（不動産の時価を100，簿価を80，継続的関与は匿名組合出資のみを行っているものと想定）

【5％ルールを満たした場合（ＴＫ出資が5の場合）】

譲渡時

| (借) 現 金 預 金 | 100(時価) | (貸) 土 地 建 物 | 80(簿価) |
|---|---|---|---|
| | | 譲 渡 益 | 20(差額) |

出資時

| (借) 有 価 証 券 | 5 | (貸) 現 金 預 金 | 5 |
|---|---|---|---|

（リスクと経済価値のほとんどすべてが移転していると認められるため，譲渡・出資それぞれ別取引として処理することになります。）

【5％ルールを満たさない場合（ＴＫ出資が10の場合）】

譲渡時

| (借) 現 金 預 金 | 100 | (貸) 預り金又は借入金 | 100 |
|---|---|---|---|

（リスクと経済価値のほとんどすべてが移転しているとは認められないため，金融処理となります。）

② 金融資産の流動化

　金融資産の流動化取引は，財務構成要素アプローチで判断されます。この財務構成要素アプローチとは，資産を構成する財務的要素に対する支配が他に移転した場合に当該移転した財務構成要素の消滅を認識し，留保される財務構成要素の存続を認識する方法です。

　そして，金融資産の消滅の具体的な要件は，①譲渡された金融資産に対する譲受人の契約上の権利が譲渡人及びその債権者から法的に独立していること。②譲受人が譲渡された金融資産の契約上の権利を直接又は間接に通常の方法で享受できること。③譲受人が譲渡した金融資産を当該金融資産の満期日前に買戻す権利及び義務を実質的に有していないこと。の三要件とされています。なお，金融資産の消滅の認識とＳＰＣの連結については，直接的な関係は乏しいですが，通常，ＳＰＣへの譲渡が金融資産の消滅要件を満たしていれば，譲渡人の子会社にも該当しません。

　金融資産の流動化取引について，上記条件を満たしたものとして，２❶②のケースの場合を想定すると，仕訳例を示すと次のようになります。なお，金融資産については，様々なケースが想定されますので，本例示は，あくまで最も単純なケースとご理解ください。

**金融資産の流動化の仕訳例（上記２❶②のケース）**

信託譲渡時

| 仕訳なし（信託譲渡しただけでは何もしない） |
| --- |

優先劣後分解時

| 仕訳なし（優先劣後とも保有していれば何もしない） |
| --- |

劣後部分譲渡時

| （借）現 預 金　×× | （貸）売 掛 金 等　××[*1] |
| --- | --- |
| | 譲 渡 損 益　××[*2] |

　＊１　売掛金等の譲渡原価は，

$$譲渡資産の簿価 \times \frac{譲渡部分の時価}{譲渡部分の時価＋残存部分の時価}$$

　＊２　差額

### ❸ 注 記 事 項

　近年，ＳＰＣを利用した取引が急拡大するとともに複雑化・多様化しています。このことから，財務諸表等規則第8条第7項の推定規定は，企業集団の状況に関する利害関係者の判断を誤らせるおそれがあるのではないかとの指摘があります。

　そこで，ＡＳＢＪは，企業会計基準適用指針第15号「一定の特別目的会社に係る開示に関する適用指針」を公表しました。これにより，出資者等の子会社に該当しない者と推定された特別目的会社について，開示対象特別目的会社の概要及び開示対象特別目的会社を利用した取引の概要並びに開示対象特別目的会社との取引金額等が，注記情報として開示されることとなりました。

## 3　ＳＰＣを利用した流動化取引にあたっての税務上の留意点

　ＳＰＣを利用した流動化取引について，税務上，明文化されたものはありません。したがって，流動化取引そのものについては，会計上の取扱いが税務上の取扱いと一致するものと考えられます。

　しかし，ＳＰＣそのものは，通常，二重課税の回避が求められています。そして，ＳＰＣは通常，ＴＭＫスキームやＧＫ－ＴＫスキームであれ，二重課税の回避が図られています。例えば，ＴＭＫについては，租税特別措置法第67条の14を満たす必要はありますが，利益配当の額を損金に算入できます。またＴＫについては，法人税基本通達14－1－3により，匿名組合員に分配した利益を損金に算入できます。

　このように制度上，二重課税の回避が手当てされているＳＰＣですが，ＴＭＫであれＴＫであれ，「配当又は分配利益を損金に算入できること」に留意が必要です。単純に言えば，「会計上の利益＝税務上の所得」を満たした場合のみ，二重課税の回避が図られている，ということです。

　例えば，減損会計の適用を受け，帳簿価額10億円の不動産について，5億円

の減損損失を計上した場合を想定してみます。そして減損損失以外の損益が，6億円の利益だったと仮定すると，会計上の利益は，1億円ですが，税務上の所得は，減損損失について損金計上ができないため，6億円となります。ここで，通常，会計上の利益で配当等がされることから，配当金は1億円となります。この配当金が損金算入されるとなると，最終的な課税所得は5億円となり，これに対して税が課されることとなります（分かりやすくするため，単純計算にしてあります。実際は税引後利益で配当を行うため，循環計算も行いますので，異なった数字になります。）。

　このように会計上の利益と税務上の所得が不一致になった場合，二重課税の回避措置は，機能しません。特に減損会計のように影響額の大きな会計・税務の不一致は，場合によってはスキームそのものを破綻させることにもなりかねません。したがって，SPCの責任者（通常はアセットマネージャー）は，財務状況を常に注視し，スキームに影響がないように管理しておく必要があります。

## 4　連結財務諸表における特別目的会社の取扱い等に関する論点整理と国際動向

　前述のとおり，平成21年2月にASBJより「連結財務諸表における特別目的会社の取扱い等に関する論点の整理」が公表されました。ここで，国際的な動向を踏まえ，今後の方向性が整理されています。

### ❶　国際的な会計基準における取扱い及びその動向

　国際財務報告基準（IFRS）では，解釈指針委員会（SIC）第12号で，SPCについて規定されており，SPCの行動の事前決定も含め，企業とSPCとの間の関係の実質により，SPCが企業によって支配されているとされると示された場合には，当該SPCは連結されなければならないとしています。

　また米国会計基準（以下，「FAS」）では，SPCについては，「変動持分事業体（以下，「VIE」）の連結」として，改訂FIN第46号により，VIEの期

待損失又は期待残余利益の過半を負担又は享受する変動持分の保有者が，ＶＩＥを連結するとされています。なお，ＦＡＳ第140号に規定する適格特別目的会社（以下，「ＱＳＰＥ」）については，適用対象外とされていましたが，米国財務会計基準審議会（以下，「ＦＡＳＢ」）もＦＡＳ第166号を公表し，当該ＱＳＰＥの規定は削除されました。

そして，現在，国際会計基準審議会（以下，「ＩＡＳＢ」）では，ＳＩＣ第12号と連結の基準であるＩＡＳ第27号とを見直す方向で動いています。この中では，他の企業に対する支配を「ある企業が自らのためにリターンを生み出すように，他の企業の活動を左右するパワーを有していること」という考え方が示されています。この公開草案は，ＦＡＳＢとのMoUプロジェクトとして，2010年末までに確定し，公表する予定としています。またＦＡＳＢも同様に2010年第4四半期にこれと整合した公開草案を進めるかどうか決定するとしています（ＩＡＳＢ／ＦＡＳＢ共同の進捗報告2010年6月24日時点）。

### ❷ 今後の方向性

この国際的な動きを受けて，わが国においても，ＳＰＣの推定規定を削除するかの議論がされています。

論点整理としては，まず，ＳＰＣの推定規定に否定的な意見として，①ＳＰＣの資産及び負債情報が適切に反映されない。②ＳＰＣとの取引が消去されない。③ＳＰＣの取扱いについて幅のある解釈が行われている。という見解が挙げられています。

一方，肯定的な意見としては，①ノンリコース債務の場合，ＳＰＣを連結の範囲に含めることにより，過大な資産及び負債が計上されてしまう。②ＳＰＣは，一般的な子会社のように，企業と一体となって単一の組織体とみなせる支配従属関係とは異なる。③必要な要件や解釈を見直すことが適当である。④消滅の認識要件とともに検討すべき。といった見解が挙げられています。

これらの意見を基に現時点では，ＡＳＢＪの特別目的会社専門委員会で対応が議論されており，平成22年8月26日の第208回企業会計基準委員会にて，Ｓ

ＰＣの推定規定は，ＳＰＣへの資産の譲渡者のみに限定する公開草案を公表するとの方向性が示されました。このため，ＳＰＣを利用した取引の会計は，大きく変更されることが予想されます。

（公認会計士　石渡　朋徳）

# 第2章

最近注目されている引当金の
会計と税務

## ≪本章の概要≫

本章においては，わが国企業の1つの特徴でもある引当金について説明します。わが国企業においては，貸倒引当金を始め，様々な引当金が計上されています。また，計上されている引当金は，企業の業種の特徴を反映しており，業種固有と思われる引当金も少なくありません。本章では，引当金について概説し，業種に特徴的な引当金を概観するとともに，近年，会計慣行が確立しつつあり，新しく計上されるようになった引当金を中心に解説します。

| 本章の項目 | 関連する業種・組織形態 |
|---|---|
| 1 業種別の引当金に関する会計処理と税務 | 引当金に関する一般原則と業種に特有な引当金の会計処理と税務 |
| 2 負債計上を中止した項目に係る引当金の会計処理と税務 | 百貨店業や小売業などの流通業，旅行業，ビール業，食品業，レストラン業，銀行業，カード会社など |
| 3 ポイント引当金の会計処理と税務 | 百貨店業，小売業や家電量販店などの流通業，航空会社，ホテル，鉄道会社など |
| 4 利息返還損失引当金の会計処理と税務 | 消費者金融業，銀行業など |

# 第1節　業種別の引当金に関する会計処理と税務

　本節では，引当金に関する総論と業種に特有な引当金について解説します。業種に特有な会計処理は収益認識に多くみられると考えられますが，企業はそのビジネスモデルの性質に起因して様々な性質の債務を負う可能性があるため，業種に特有な引当金も見られます。ここでは，本書で別途解説しているポイント引当金や負債計上を中止した項目に係る引当金を除く業種に特徴的な引当金について解説します。

・会計・税務における引当金の基本的な考え方
・業種に特有な引当金の会計処理及び税務

## 1　会計上の引当金（企業会計原則注解18）

　引当金については，ご存じのとおり企業会計原則注解18（以下，「注解18」）に定められています。ここでは，①将来の特定の費用又は損失であって，②その発生が当期以前の事象に起因し，③発生の可能性が高く，かつ，④その金額を合理的に見積もることができる場合には，当期の負担に属する金額を当期の費用又は損失として引当金に繰り入れ，当該引当金の残高を貸借対照表の負債の部又は資本の部に記載するとされています。また注解18では，引当金の具体例が例示されています。注解18に基づく監査上の取扱いとして，日本公認会計士協会の監査・保証実務委員会報告第42号「租税特別措置法上の準備金及び特別法上の引当金又は準備金並びに役員退職慰労引当金に関する監査上の取扱い」（以下，「監委第42号」）等が公表されています。

## 2　税務上の引当金

　会計ビッグバン以前は，会計上，税務の処理が容認されており，税務上も様々な引当金が損金として認められていましたが，会計ビッグバン以降は会計と税務の分離が進み，従来税務上認められていた賞与引当金や退職給与引当金の損金算入が廃止されました。現在税務上認められる引当金は貸倒引当金や返品調整引当金などですが，貸倒引当金については会計上も詳細な計算方法が定められたことなどにより，計算方法に乖離が発生しています。また，業種に特有な引当金・準備金の損金算入については，税務上は対象となる業種が明示されていることが多いといえます。

　なお，監査上，租税特別措置法上の準備金や特別法上の引当金又は準備金については，そのうちに注解18の引当金の要件に該当するものがあれば，これを「引当金」として取り扱うこととなっており，税務上準備金として認められるものであっても，会計上は「引当金」として表示されています（監委第42号）。

## 3　一般的に業種との関連性が薄い引当金

　業種に関係なく計上される引当金としては，貸倒引当金や人件費関係の引当金などが考えられます。ただし，貸倒引当金については，売上代金が全て現金で回収されるような業態であれば発生しないこともあります。人件費関係では，賞与引当金，退職給付引当金などがあります。

業種との関連性が比較的薄いと考えられる引当金の例

> 貸倒引当金，賞与引当金，退職給付引当金，役員退任慰労引当金，執行役員退職慰労引当金，債務保証損失引当金，損害賠償引当金，株主優待引当金，構造改革引当金，投資損失引当金など

　なお，税務上の貸倒引当金については，中小企業等の繰入限度額の特例にお

いては，業種ごとに法定繰入率が定められています。これは，実績率によらない簡便的な繰入れを認めるとしても，業種によって貸倒実績率が異なることから定められているものと考えられます。

## 4　業種の特徴と関連のある引当金

### ❶　返品調整引当金

　食品メーカー，アパレルメーカー，出版社，医薬品メーカー，通信販売業などでは返品の取引慣行があります。

　返品調整引当金は，商製品の返品による損失に備えて，販売した製品及び商品の返品見込額について，その売買利益相当額（及び廃棄損失）を計上するものです。

　税務上は，一定の計算式による繰入限度額について損金算入が認められます（法法53①）。税務上は，返品調整引当金を設けることのできる事業及び設定要件が限定的に列挙されています。事業の範囲は⑴出版業（その取次業を含む。），⑵医薬品（医薬部外品を含む。），農薬，化粧品，既製服の製造業，卸売業，⑶レコード，磁気音声再生機用レコード又はデジタル式の音声再生機用レコードの製造業，卸売業となっています（法令99）。なお，返品の会計処理については第4章第1節の収益認識を参照してください。

### ❷　売上割戻引当金

　食品・飲料メーカー，医薬品メーカーなどでは顧客の購入金額・出荷量等に応じてリベートを支払う商慣行があります。

　売上割戻引当金は，販売した商品・製品に対する将来の売上割戻しに備えて，売上割戻しの見込み額を計上します。企業の割戻規定などの定めに基づいて，年度末の売掛金残高や年度の売上高に割戻実績率を乗じて計算することが多いようです。

　法人税法上は，売上割戻引当金は損金算入できないと考えらえます。

## ❸ 工事損失引当金（受注損失引当金，受注工事損失引当金）

建設業，プラント建設業，受注ソフトウエア産業等のいわゆる個別受注産業においては，会計上「工事契約」と呼ばれる請負契約が締結されます。工事契約については，「工事契約に関する会計基準（企業会計基準第15号）」により収益を認識しますが，工事契約から損失が見込まれる場合には，工事損失引当金を計上することとなっています（同基準第19項）。具体的な会計処理については，第3章第4節「長期請負工事契約に係る会計処理と税務」をご参照下さい。

## ❹ 修繕引当金・特別修繕引当金

修繕引当金は，製造設備等の定期修繕に要する支出に備えるため，その支出見込額のうち，当会計年度末に負担すべき費用を計上するものです。事例としては，石油・化学などの装置産業に多く見られます。修繕引当金については，修繕の対象物によって船舶修繕引当金，車両修繕引当金（鉄道業），自動販売機修繕引当金（飲料メーカー）など，より具体的な科目で計上されることもあります。

特別修繕引当金は，設備や船舶の定期修繕費用に充てるため，その所要見込額を次回定期修繕までの期間配分により計上するものです。石油・化学・海運業などにみられます。

税務上は，特別修繕引当金は廃止され，平成10年4月1日以降，特別修繕準備金が創設されています（措法57の8）。

## ❺ 電子計算機買戻損失引当金

電子機器メーカー等においては，買戻特約付きでコンピュータを販売することがあります。このような買戻特約付電子計算機販売の買戻時に発生する損失の補てんに充てるため，過去の実績を基礎とした買戻損失発生見込額を電子計算機買戻損失引当金として計上することがあります。

税務上は，電子計算機買戻損失準備金の積立てが認められており，電子計算機の本体及びこれに付属する危機の製造又は販売の事業を営む法人において電

子計算機買戻損失準備金として積み立てた金額をその事業年度の損金の額に算入することができます（措法56の4，措令32の12）。

## ❻ 店舗閉鎖損失引当金

多店舗展開する小売業や外食産業においては，出店・退店が比較的頻繁に行われます。このような業界では，店舗閉鎖等に伴い発生する損失に備え，合理的に見込まれる中途解約違約金，原状回復費及び解体費等の損失見込額を計上します。ただし，資産除去債務に関する会計基準の導入に伴って，店舗閉鎖に伴う損失のうち原状回復費用等については，資産除去債務として計上することになると考えられます。

## ❼ 環境対策引当金

化学・素材メーカー等では，工場にアスベストが使用されていたりPCBの処分が発生することがあります。このような企業では，環境対策を目的とした支出に備えるため，当事業年度末における支出見込額を計上しています。具体的には建物及び設備等に使用されているアスベストの撤去，処分等に関する支出に備えるため，又はPCB（ポリ塩化ビフェニール）の処分等にかかる支出に備えるために計上されているものであり，これについても今後は資産除去債務として計上されることになると考えられます。

## ❽ 廃坑費用引当金

石油開発，鉱山開発などを行う企業では，資源の採掘終了時に生産設備等の撤去に多額の支出が発生することがあります。このような企業では，生産終結時における生産設備の撤去等の廃鉱費用の支出に備えるため，廃鉱計画に基づき，当該費用見積額を，期間を基準に計上しています。

### ❾　原子力発電施設解体引当金

　電気事業では，発電のために原子炉を保有することがあります。このような企業では「核原料物質，核燃料物質及び原子炉の規制に関する法律」に基づいて原子炉の解体が義務となっています。会計上は「原子力発電施設解体引当金に関する省令」（平成20年経済産業省令第20号）により引当金の設定が求められています。

　税務上は，原子力発電施設解体準備金の積立てが認められています。電気事業法に規定する一般電気事業又は卸電気事業を営むものが，各事業年度において一定の算式により求められる金額を積み立てた場合には，その事業年度の損金に算入されることになっています（措法57の4，措令33の4）。

　なお，上記❻〜❾のような資産の除去義務に関連する引当金については，資産除去債務として引き継がれるものがあると考えられます。

## 5　引当金に関する今後の動向

　会計基準のコンバージェンスの流れの中で，ＩＦＲＳにおける引当金の認識要件とわが国の引当金の認識要件を比較検討するため，平成21年9月8日に企業会計基準委員会から，「引当金に関する論点の整理」が公表されています。ＩＦＲＳでは，ＩＡＳ第37号「引当金，偶発債務及び偶発資産」で引当金について定めていますが，2005年6月に公表されたＩＡＳ第37号改定案において，認識要件及び測定について新たな提案がなされています。「引当金に関する論点の整理」ではこのＩＡＳ第37号改定案の内容を踏まえて，①引当金の定義と範囲，②蓋然性要件といった認識要件の見直し，③測定の考え方（キャッシュ・フローの考え方，現在価値への割引，期待値方式による測定の検討），④開示等の項目について論点を整理しています。企業会計基準委員会は，引当金について2010年第3四半期に公開草案を公表し，2011年に基準を公表する予定としており，引当金についても今後ＩＦＲＳへのコンバージェンスが進んでいくものと考えら

> **引当金に関する会計基準等**
> ・企業会計原則　注解18　引当金について
> ・日本公認会計士協会　監査・保証委員会報告第42号「租税特別措置法上の準備金及び特別法上の引当金又は準備金並びに役員退職慰労引当金に関する監査上の取扱い」
> ・引当金に関する論点の整理　平成21年9月8日　企業会計基準委員会

れます。

（公認会計士　三橋　敏）

# 第2節　負債計上を中止した項目に係る引当金の会計処理と税務

　本節で取り上げる「負債計上を中止した項目に係る引当金」は、百貨店業などの流通業において商品券を発行している場合に特に問題となります。また、商品券の一種であるギフト券などの「商品やサービスの提供を行うことを約束した金券」を発行している場合や未払金などについて「長期にわたり支払請求がないため、収益計上している場合に、収益計上した後であっても請求があれば支払いを行うこととしている」ようなケース全般にも当てはまるものです。

　当初負債として貸借対照表計上していた項目について、商品やサービスの提供あるいは代金等の返還なしに収益計上処理した場合に、その後の商品やサービスの提供あるいは代金等の返還の可能性を見込んで引当計上するもので、利用等に応じて付されたポイントの使用可能性に応じて計上するポイント引当金とはその性質が異なります。

---

（対象となる業種）

　百貨店業、小売業などの流通業（商品券やギフト券）、旅行業（旅行券）、ビール業（ビール券）、食品業（ギフト券）、レストラン業（食事券）、その他の金券により物品やサービスを提供する業種に加え、銀行業（睡眠預金、休眠口座）などの金融機関が対象となります。

　また、収益計上した未払配当金なども検討を要する範囲に含まれると考えられます。

---

# 1　負債計上を中止した項目とは

　一般的で分かりやすいと思われる百貨店などの商品券を例に説明したいと思います。

### ❶　商品券の売上計上

　百貨店などの流通業では商品券を発行していますが，この商品券は法律や税務上の用語で言うと「商品の引渡し又は役務の提供を約した証券等」と言います。

　商品券という証券等と交換に商品や役務（サービス）を提供することを約束していますので，一般的な売上計上基準の引渡基準で考えると，商品券を発行した時点では預り金や前受金として処理し，商品あるいは役務の提供時に売上を計上することになります。

　ただし，商品券に関する売上の計上時期は，税務上の取扱い（法基2－1－39）では次のように定められています。

---

① 原則的方法

　商品券を発行しその対価を受領した場合には，商品券を発行した日の属する事業年度の売上として計上します。

② 例外的方法

　ただし，商品券を発行年度ごとに区分管理している場合に限って，商品券と商品との引き換えや現金の払戻しに応じて益金とすることができます。この場合には，商品券の発行年度終了の日の翌日から3年を経過した日の事業年度末に未使用の商品券等の残高があればその額を益金算入する必要があります。また，この場合にはあらかじめ所轄税務署長の確認を受けるとともに継続して処理する必要があります。

(注) 当該取扱いは、「商品券以外の商品の引渡し又は役務の提供を約した証券等」全般に適用されます。

税務上は、会計上で原則と考えられる取扱いが例外的方法とされています。百貨店等の小売店では、商品券を発行して現金を受領しただけでは商品やサービスを提供しておらず、商品やサービスを提供するための預り金又は前受金を受領したのみであり、商品やサービスと交換して初めて売上になるというのが実態と考えられますので、会計上は税務上の例外的方法である②の方法を採用することが適切であるということができるでしょう。

仕訳で示せば、次のようになります。

（商品券発行年度）

| （借）現　　　　金　×××　（貸）商品券預り金　×××<br>　　　　　　　　　　　　　　　　（又は商品券前受金など） |
|---|

（商品券と商品の交換）

| （借）商品券預り金　×××　（貸）売　　上　　高　×××<br>　　　（又は商品券前受金など）　　　　　商　　　　品　×××<br>　　　売　上　原　価　××× |
|---|

## ❷　商品券の税務上の取扱いと会計処理

ただし、②の方法を採用した場合、税務上は商品券の発行事業年度の終了の日の翌日から3年経過した日の事業年度末に使われなかった商品券残高があれば、その額を益金計上する必要が生じます。益金計上に当たり、税務上の処理と会計上の処理を別々に行うことは煩雑となるため、会計上も税務上要請される処理に合わせるために営業外収益の雑収入等として計上する会計方針を採用しているケースがほとんどと考えられます。

税務上の取扱いを図で示せば，次のようになります。

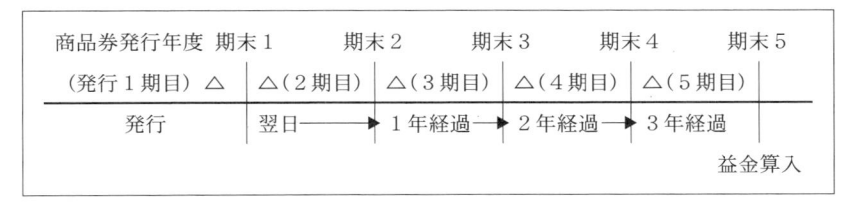

```
商品券発行年度  期末1      期末2       期末3       期末4       期末5
(発行1期目) △  △(2期目)  △(3期目)  △(4期目)  △(5期目)
─────────────┼──────────┼──────────┼──────────┼──────────
   発行         翌日─────→1年経過─→2年経過─→3年経過
                                                      益金算入
```

また，収益計上，益金計上の仕訳を示せば，次のようになります。

（発行事業年度の終了の日の翌日から3年経過した日の事業年度末残高の処理）

| (借) 商品券預り金　　×××　　(貸) 雑　収　入　×××
| 　　（又は商品券前受金など）

　当該処理は，商品券預り金（あるいは商品券前受金など）という負債として計上していた項目について，負債として計上することを中止して雑収入という収益，税務上の益金として処理することを意味しています。「負債計上を中止した」とは，貸借対照表の負債として計上していた項目を負債として計上し続けることを中止して，収益として計上することです。

　税務上の原則的方法である商品券を発行した日の事業年度に収益・益金として計上する処理を採用している場合にも「負債計上を中止した項目」に該当するものと考えられます。なぜならば，会計上は，品物やサービスが未提供であり，本来，預り金や前受金といった負債として計上すべきものを収益計上していることから，その性格は同様であると考えられるからです。

　また，税務上の取扱いとは別に，一定期間経過後の商品券等の残高について死蔵により将来にわたって使われる可能性が乏しいものとみなして収益計上しているケースもあると考えられます。この場合にも同様の理由から「負債計上を中止した項目」に該当すると考えられます。

### ❸ 収益計上後の商品券の処理

　商品券は収益計上された後も利用される可能性があります。雑収入を計上した後に利用された商品券は、過年度に収益計上した処理の修正と考えられますので、前期損益修正の性質を持っていますが、通常は重要性が乏しいため、雑損失として処理されることが多いものと思われます。また、税務上も同様の処理になるものと考えられます。この処理を仕訳で示せば、次のようになります。

| (借)雑　損　失 | ××× | (貸)売　上　高 | ××× |
| 売　上　原　価 | ××× | 商　　　品 | ××× |

例外的に,

| (借)雑　損　失 | ××× | (貸)商　　　品 | ××× |

と処理されることもあると考えられます。

### ❹ 商品券以外の項目

　ここまで、商品券を例として説明してきましたが、同様の項目には、本節冒頭で挙げている商品券以外の項目もあります。

図表2－1　商品券以外の項目

| 項　　目 | 簡　単　な　説　明 |
|---|---|
| ギフト券、ビール券、旅行券など | 　ギフト券、ビール券、旅行券なども商品券の一種であり、発行当初は、預り金や前受金のような負債として計上することが多いと思われますが、商品券同様、税務上の取扱いに合わせたり、一定期間経過後に雑収入のような科目で収益計上されているケースが多いと考えられます。<br>　したがって、これらの項目についても「負債計上を中止した項目」に該当します。 |
| 銀行業の睡眠預金、休眠預金 | 　銀行業における顧客からの預金は、負債として計上されています。<br>　睡眠預金は、休眠口座、権利消滅預金などとも呼ばれ、長期間にわたり、動きのない預金口座のことを指します。 |

|  | 睡眠預金については，10年間動きがない場合には時効となり，ほとんどの場合，銀行の収益として計上されています。<br>したがって，睡眠預金についても「負債計上を中止した項目」に該当します。 |
|---|---|
| 一定期間経過後に収益計上した未払配当金 | 配当金の未払額は，未払配当金という一種の未払金として負債計上されていますが，未払配当についても，一定期間経過後に雑収入のような科目で収益計上されているケースが多いと考えられます。<br>したがって，収益計上した未払配当金についても「負債計上を中止した項目」に該当します。 |
| その他の前受金，未払金等 | これまで説明した項目以外の預り金，前受金，未払金についても，一定期間経過後に収益計上している場合は，「負債計上を中止した項目」に該当するものと考えられます。 |

## 2　負債計上を中止した項目に係る引当金

### ❶　負債計上を中止した項目に係る引当金とは

　ここまで説明してきた「負債計上を中止した項目」について，引当金を計上する必要が生じることがあります。負債計上を中止した項目について，

①　将来における特定の費用又は損失に対する引当てで，
②　その起因となる事象が当期以前に既に存していること
③　将来における費用又は損失の発生の可能性が高いと見込まれるものであること
④　当該費用又は損失の金額を合理的に見積もることができること

という引当金の要件を満たした場合に計上する引当金が「負債計上を中止した項目に係る引当金」です。

　日本公認会計士協会の監査・保証実務委員会報告第42号「租税特別措置法上の準備金及び特別法上の引当金又は準備金並びに役員退職慰労引当金等に関する監査上の取扱い」（平成19年4月13日改正）（以下，「監委第42号」と呼ぶ。）によれば，「負債計上を中止した項目に係る引当金」は次のように説明されています。

> (3) 負債計上を中止した項目に係る引当金
>
> 　法律上の債務性が残っている可能性があるものでも，債務履行の可能性を考慮して一定の要件を満たす場合に負債計上を中止（利益計上）する会計処理を行う場合がある。この場合，法律上の債務性の争点があるものの，債権者から返還（支払）請求を受けた場合は，それに応じて返還（支払）している実務がある。これについては負債計上の中止処理自体容認できるかどうかの問題はあるものの，実務慣行として定着している場合は，最終的に債権者から返還（支払）請求されず，債務を履行する可能性が低い場合も想定されるため，負債計上の中止自体を否定する必要はないと考えられる。しかし，負債計上の中止処理後，将来返還（支払）請求に応じた場合費用が発生することになるため，引当金の要件を満たしている可能性がある。このような会計事象については，将来の返還（支払）リスクに対する備えとして注解18の引当金計上の要否を検討する必要がある。なお，当該金額に重要性がない場合はこの限りではない。
>
> 　また，過去の返還（支払）実績が把握されていないなど，金額が合理的に算定できない場合は，返還（支払）請求時に費用計上することもやむを得ないと判断されるが，その場合でも，合理的な算定が可能となるよう，早期に対応することが必要である。

　このように，収益計上したものについて，その後に利用される可能性を見積もって引当計上するのが「負債計上を中止した項目に係る引当金」です。負債計上を行っていた項目を収益計上する会計処理を行っている場合には，そもそも法律上の債務性をどのように考えるべきかといった問題や時効などの問題もありますが，引当金計上の要否を検討する必要があるものと考えられます。

　時効後や利用可能期間経過後には，代金等の返還や商品・サービスの提供を全く行わないこととして取り扱うこととしており，実態もそのような状況にある場合には，引当金計上の問題は生じないものと考えられますが，実務慣行上，代金等の返還や商品・サービスの提供を行っているケースも少なくないものと

思われます。また，利用可能期間を記載していない場合などで一定の期間経過後に会社の基準で収益計上しているケースもあると考えられます。個々の状況及び実態に応じて引当金計上要件を検討した結果，引当金の要件を満たす場合には，引当金として計上しなければなりません。

引当金計上の処理を仕訳で示せば次のようになります。

| （借）商品券等引換引当金繰入 ××× | （貸）商品券等引換引当金 ××× |
|---|---|
| （又は商品券等引換損失，など） | |

ただし，「当該金額に重要性がない場合はこの限りではない」とされているように，負債計上を中止した項目で引当金の要件を満たしているとしても，金額的重要性が乏しい場合には，引当金として計上しないことができるとされています。

また，会社の実情として引当金の計上が必要であることが判明し初めて引当金を計上する場合，金額的重要性が増したため引当金計上が必要になった場合，従来は合理的に算定できなかったが返還実績等の状況が把握でき，合理的に算定できるようになった場合などに，期首時点での影響額が臨時かつ多額と考えられるときは，特別損失として計上することも考えられます。

| （借）過年度商品券等引換引当金繰入 ××× | （貸）商品券等引換引当金 ××× |
|---|---|
| （又は過年度商品券等引換損失，など） | |

これらの引当金の計上処理については，税務上の取扱いとは差異が生じますので，税務調整が必要になるものと考えられます。

## ❷ 負債計上を中止した項目に係る引当金が必要となる場合

負債計上を中止した項目に係る引当金について，対象項目，関連業種及び引当金計上の検討が必要となる理由を示せば，次のようになります。

図表2-2　引当金計上の検討が必要な項目

| 対象項目 | 関連業種 | 引当金計上の検討が必要となる理由 |
|---|---|---|
| 商品券（ギフト券，ビール券，旅行券などを含む） | 百貨店業等の流通業，ビール業，旅行業（あるいは旅行代理店業）など | 一定期間経過後に収益計上した後の商品券等の将来の利用可能性に備えて引当計上の要否を検討する必要があります。 |
| 睡眠預金，休眠口座など | 銀行業 | 睡眠預金は，長期間にわたり，動きのない預金口座であり，10年間動きがない場合には時効となり，銀行の収益として計上されますが，10年経過後も預金者から要求があれば通常は返還されます。その返還の可能性に備えて引当計上する必要性が生じることがあるため，引当金計上の要否を検討する必要があります。 |
| その他の負債計上を中止した項目 | 未払配当金その他の未払金，預り金，前受金などで，返還や商品・サービス等の提供なしに，一定期間経過後に収益計上しているケースがある業種 | 原則として，その他の負債計上を中止した項目についても収益計上後の利用可能性を検討して，引当金計上の要否を検討する必要があるものと考えられます。ただし，一般的には，重要性がない場合がほとんどであると考えられます。 |

## 3　負債計上を中止した項目に係る引当金の実際の例

　実務上，負債計上を中止した項目に係る引当金を計上しているケースについて，会計方針の記載例を示せば，次のようになります。

図表2-3　会計方針の記載例

| 引当金の名称の例 | 会計方針の記載例 |
|---|---|
| 商品券等引換引当金，商品券等引換損失引当金，商品券等回収損失引当金，時効商品券回収損失引当金など | 　一定期間未着券のため収益計上した商品券等の今後の利用に備え，当会計年度末における着券実績率に基づき，将来利用されると見込まれる額のうち負担額を計上しております。 |
| ギフト券引換引当金，ギフト券引換損失引当金など | 　収益計上に伴い負債計上を中止したギフト券等の今後の引換行使に備えるため，年度別に経過年と各ギフ |

| | |
|---|---|
| | ト券の回収率を調査し，最終的な回収率を見積もることにより当会計年度末における引換行使見込額を計上しています。 |
| 旅行券等引換引当金，旅行券等損失引当金など | 負債計上を中止した旅行券等が回収された場合に発生する損失に備えるため，過去の実績に基づく将来の回収見込額を計上しております。 |
| 睡眠預金払戻引当金，休眠預金払戻損失引当金，時効預金払戻損失引当金など | 睡眠預金払戻損失引当金は，利益計上した睡眠預金について預金者からの払戻請求による払戻損失に備えるため，過去の払戻実績に基づく将来の払戻損失見込額を計上しております。 |

　未払配当金やその他の負債計上を中止した項目については，金額的重要性が乏しいこと，将来の発生可能性が低いことから引当金としては計上されないことがほとんどであると考えられます。このような場合には，前述の1❸と同様に，支払等が発生したときに雑損失等として処理されます。

## 4　負債計上を中止した項目に係る引当金を計上する際の検討事項

### ❶　実態の把握

　負債計上を中止した項目があることが判明した場合には，個々の会社における実態や実務慣行を十分に把握することが必要です。

　前述の2❶でも説明しましたが，時効後や利用可能期間経過後には，代金等の返還や商品・サービスの提供を全く行わないことを会社が決めており，その旨を顧客，利用者，相手先に十分に周知させており，かつ，実態もそのような状況にある場合には，引当金計上の問題は生じないものと考えられます。しかしながら，時効後であっても，あるいは，利用可能期間を定めて周知している場合でも，実務慣行として，代金等の返還や商品・サービスの提供を行っていることが実態である場合には，引当金計上は必要になるものと考えられます。

## ❷ 過去の返還実績等の把握についての検討

　前述した監委第42号においては、「過去の返還（支払）実績が把握されていないなど、金額が合理的に算定できない場合は、返還（支払）請求時に費用計上することもやむを得ないと判断されるが、その場合でも、合理的な算定が可能となるよう、早期に対応することが必要である。」とされていますので、過去の状況が把握されておらず、引当金を合理的に算定できない場合には、引当金を計上することに代えて、実際の返還請求や商品券等の利用がなされたときに費用計上、損失計上する方法もやむを得ないものとされています。

　実際の実務上においても、過去の返還実績が把握できない場合や商品券等が番号管理・個別管理されていない場合（例えば、収益計上された商品券等についてはすでに簿外であるとして備忘管理をしていない場合等）にどのように見積もるのかという点が問題となります。このような場合には、把握できる範囲で最善の見積りを行って会計処理することが望ましいと思われます。

　どうしても見積りが困難な場合には、前述した監委第42号で「合理的な算定が可能となるよう、早期に対応することが必要」とされているように、合理的な見積額の算定ができるように、早急に過去のデータの精査を進め、データを整備、蓄積していくことが必要でしょう。

　また、把握できる範囲で最善の見積りを行って会計処理した場合には、見積り方法もより合理的な算定が可能となるように見直しを行っていくことが考えられます。実際に、「旅行券等引換引当金の残高については、より合理的な見積りとなるように見直す場合があります。」等と有価証券報告書等に記載している例も見られます。見積り項目について適切な会計処理を行うためには、商品券等に限らず、過去の実績を少なくとも5年〜10年程度把握できるようにデータを整備、保管しておくことなども必要ではないでしょうか。

　余談になりますが、負債計上を中止した項目に係る引当金に限らず、今後の会計基準のコンバージェンスやＩＦＲＳ（国際財務報告基準）への対応を考えるとわが国の多くの会社は今までよりもより一層精緻なデータを収集し整備しておくこと、会計処理を行うための根拠資料を整備しておくことが求められてく

るものと考えられます。

## ❸ 収益認識基準の変更の検討

　会計上，引当金計上が必要になる可能性があるのは，「負債計上を中止した項目」従って，収益計上しているケースです。したがって，収益計上を行わず負債計上を継続していれば引当金が必要となることはありません。すなわち，商品券等について一定期間経過後に収益計上する処理を取りやめて，商品やサービス等と交換したときに収益計上する方法に変更することにより対応することも考えられます。すなわち，収益認識基準を変更することにより対応することも可能です。

　しかしながら，負債計上を継続し続ける方法を採用した場合には，利用可能性のないものについても負債計上が継続されてしまう可能性があるという問題点があります。したがって収益認識基準を変更する場合には，引当金計上とは逆に，商品券等の期末残高のうち，利用可能性がないと考えられるものを合理的に見積もって，収益計上する処理が必要になることが考えられます。

　いずれにせよ，会社が個々の状況・実態に合致していると思われる会計方針を採用し，継続して適用することが必要です。

（公認会計士　成田智弘）

# 第3節　ポイント引当金の会計処理と税務

　本節で取り上げる「ポイント引当金」は，百貨店，スーパー，家電製品販売店，小売業等の流通業において特に問題となりますが，顧客に対して利用に応じてポイントを付与し，当該ポイントを次回以降のサービスに充当したり，商品券等と交換できるようなサービスを行っている会社全般に当てはまるものです。

> （対象となる業種）
> 　百貨店やスーパーなどにおけるポイントカードの獲得ポイントによる金券の交付や家電量販店などによるポイント割引制度などが対象になります。
> 　サービス業等においても顧客に対してポイントを付与する制度を採用している会社全般に該当します。例えば，航空会社によるマイレージ制度による無料航空券の交付なども該当します。

## 1　ポイント制度の概要

### ❶　蓄積型ポイントカードと即時使用型ポイントカード

　ポイント引当金の検討が必要となるポイントの形態としては，一般的に蓄積型ポイントカードと即時使用型ポイントカードに分けられます。

① 蓄積型ポイントカード

　蓄積型ポイントカードとは，ある一定のポイントになった場合に次回以降のサービスに充当できるものです。これには，ある一定のポイントになった場合に金券に交換する場合も含みます。一定のポイントにならないとサービスへの充当，金券等への交換ができないため，一定ポイントに達しないポイントは失

効することになり，❷の即時使用型カードに比較するとポイントの利用率は低いと考えられます。

② 即時使用型ポイントカード

即時使用型ポイントカードとは，ポイントの残高の多少にかかわらず，ポイント発行時点ですぐに使用が可能になるものです。ポイント発行時点ですぐに次回のサービスに充当できるため，ポイントの利用率も高いと考えられます。

### ❷ ポイントの有効期限

ポイントの有効期限を1年ないし2年と定め，それまでに使用されないポイントは失効するものもありますが，永久的に使用できることにしているケースもあります。ポイントの有効期限を設けている場合には，有効期限が切れたときには失効するため，有効期限の管理が必要となります。

## 2 ポイント引当金の会計処理

### ❶ ポイント引当金の計上

小売業界においては，ポイント制度は一般的となっています。多くの企業ではポイントカード導入後，カード会員数の増加により未使用ポイント残高が大きくなる傾向があり，ポイント引当金を計上する企業も増加しています。

### ❷ 設例に基づく仕訳例

設 例

A社は，ポイント制度を採用しています。顧客の売上1,000円当たり1ポイントを付与し，1ポイント10円換算でA社の商品をポイントで購入することができます。

ポイントは，当期に200円分が商品の購入に使用され，未使用残高について過去の使用実績から翌期以降に250円分の使用が見込まれます。

翌期に未使用残高のポイントのうち100円が使用されました。

なお，商品の原価率は70％です。

仕訳例

【従来の処理】（ポイント引当金を計上しない場合）

（ポイント付与時）

| 仕訳なし |
|---|

（ポイント使用時）

| （借）販売促進費 | 200 | （貸）売　上　高 | 200 |
|---|---|---|---|

（期末時決算整理仕訳）

| （借）売上値引き | 200 | （貸）販売促進費 | 200 |
|---|---|---|---|

【今後の処理】（ポイント引当金を計上する場合）

［パターン１］

（ポイント付与時）

| （借）現　　　　金 | 1,000 | （貸）売　上　高 | 1,000 |
|---|---|---|---|
| （借）売　上　原　価 | 700*1 | （貸）商　　　　品 | 700 |

＊１　商品1,000円×原価率70％＝700円
（注）　ポイントについては特段の会計処理は行わない。

（ポイント使用時）

| （借）販売促進費 | 200 | （貸）売　上　高 | 200 |
|---|---|---|---|
| （借）売　上　原　価 | 140*2 | （貸）商　　　　品 | 140 |

＊２　利用ポイント200円分×原価率70％＝140円

（期末時決算整理仕訳）

| （借）ポイント引当金繰入 | 250 | （貸）ポイント引当金 | 250 |
|---|---|---|---|

(翌期)

| (借) ポイント引当金 | 100 | (貸) 売 上 高 | 100 |
| (借) 売 上 原 価 | 70*3 | (貸) 商 品 | 70 |

　　＊3　利用ポイント100円分×原価率70％＝70円

［パターン2］

(ポイント付与時)

| (借) 現 金 | 1,000 | (貸) 売 上 高 | 1,000 |
| (借) 売 上 原 価 | 700*1 | (貸) 商 品 | 700 |

　　＊1　商品1,000円×原価率70％＝700円
　　(注)　ポイントについては特段の会計処理は行わない。

(ポイント使用時)

| (借) 売 上 原 価 | 140*2 | (貸) 商 品 | 140 |

　　＊2　利用ポイント200円分×原価率70％＝140円

なお，勘定処理は販売促進費で処理することもあります。

(期末時決算整理仕訳)

| (借) ポイント引当金繰入 | 175*3 | (貸) ポイント引当金 | 175 |

　　＊3　翌期以降使用見込ポイント250円分×原価率70％＝175円

(翌期)

| (借) ポイント引当金 | 70*4 | (貸) 商 品 | 70 |

　　＊4　利用ポイント100円分×原価率70％＝70円

　パターン1は，ポイント費用を将来の値引相当額として処理しているのに対して，パターン2は，ポイント費用を値引相当額に見合う商品提供原価相当額として処理しています。実務上はいずれのパターンも見受けられます。

## ❸ ポイント引当金の導入

最近,ポイント行使時に費用処理又は売上高控除からポイント引当金の計上処理を採用した会社の業種と導入理由を例示すれば,次のとおりです。

図表2－4　最近ポイント引当金を導入した会社

| 業　種 | 導　入　理　由 | 備　考 |
|---|---|---|
| 化　　学 | 新ポイント制度導入の社内決議に伴い,使用実績率を合理的に見積もるシステムが整備されたため,財務内容の健全化と期間損益の一層の適正化を目的として…… | 会計処理方法の変更 |
| 小　売　業 | 現行のポイントカードの導入から1年以上経過し,有効ポイント残高及び将来の使用割合を過去の経験率等により合理的に見積もれるようになったこと,今後ポイントカードの発行枚数増加に伴い有効ポイント残高が増加することが見込まれることから,より適正な期間損益を計算するため…… | 会計処理方法の変更 |
| 小　売　業 | 現行のポイントカード導入年度より合理的に見積もることに必要な年数が相当年度経過し,当事業年度末より有効ポイント残高及び将来の使用割合を過去の経験率等により合理的に見積もれるようになったため,財務内容の健全化と期間損益の一層の適正化を目的として…… | 会計処理方法の変更 |
| サービス業 | ポイント付与数及びポイント利用数が増加したことから重要性が増し,かつ,当事業年度末において将来利用されると見込まれる額の合理的な算定が可能となったことから…… | 追加情報 |
| 繊維製品 | 会員数増加に伴いポイント残高の重要性が増したこと及びポイント使用率を合理的に見積もることが可能となったことから,より適正な期間損益計算を行うため…… | 追加情報 |
| 小　売　業 | ポイントカードの運用実績により使用実績率を合理的に見積もることが可能になったこと及びポイント付与率の拡大により金額的重要性が増したため…… | 追加情報 |

## ❹ 引当金の要件

引当金の要件としては,企業会計原則注解18で示されており,「将来の特定の費用又は損失であって,その発生が当期以前の事象に起因し,発生の可能性が

高く，かつ，その金額を合理的に見積もることができる場合には，当期の負担に属する金額を当期の費用又は損失として引当金に繰り入れ，当該引当金の残高を貸借対照表の負債の部又は資産の部に記載するものとする。」と記載されています。

ポイント引当金は，①将来発生する費用であり，②その発生が当期以前の売上に起因し，③発生の可能性が高く，かつ，④金額を合理的に見積もることができるようになったことで引当金の要件に合致します。したがって，ポイント引当金を導入した会社の変更理由を見ると，ポイント利用の実績データの管理システムの整備により将来の使用割合を過去の実績により合理的に見積もれるようになったことについてはほとんどの場合記載されています。

## ❺ 会計方針の変更か追加情報か

前述❸のようにポイント引当金を導入した会社を調査すると，会計方針の変更としている会社と追加情報にしている会社とがあります。

① 会計方針の変更

会計方針とは，企業が損益計算書及び貸借対照表等の作成に当たって，その財政状態及び経営成績を正しく示すために採用した会計処理の原則及び手続並びに表示の方法をいいます。

会計方針の変更が認められるのは，2つ以上の認められた会計処理があり，正当な理由に基づいて一方の会計処理からその他の会計処理に変更する場合です。

② 追加情報

日本公認会計士協会の監査委員会報告第77号「追加情報の注記について」の3．追加情報の分類として，「会計処理の対象となる会計事象等の重要性が増したことに伴う本来の会計処理への変更」についてが記載されています。

これによれば，「従来，会計処理の対象となる会計事象等の重要性が乏しかったため，本来の会計処理によらず，簡便な会計処理を採用していたが，当該会計事象等の重要性が増したことにより，本来の会計処理へ変更する場合」

は追加情報になることが記載されています。また、事例として「売上割戻の計上について、従来支出時に売上控除処理を行っていたが、発生時の重要性が増してきたため、売上割戻発生見積額を未払計上する場合」が掲げられています。

③ ポイント引当金導入会社の変更理由による区別

ポイント付与数、会員数の増加及びポイントカード導入店舗の増加により重要性が増したことを主たる理由に掲げている会社は、従来の売上控除等の会計処理を簡便的な会計処理であると考え、重要性が増したために本来の会計処理であるポイント引当金の設定をしたと考えているため、追加情報としていると考えられます。

一方、会計処理の変更とされている事例も多くあります。この理由は、日本公認会計士協会の監査・保証実務委員会報告第42号「租税特別措置法上の準備金及び特別法上の引当金又は準備金並びに役員退職慰労引当金等に関する監査上の取扱い」の公表に伴い、役員退職慰労引当金の設定が義務化されましたが、その時の取扱いが、それまでの実務慣行を踏まえ会計方針の変更として取り扱うこととされたことも1つの理由であると考えられます。また、ポイント引当金の導入に伴い、従来の売上高の控除からポイント制度の販売促進の性格を考慮し、販売費及び一般管理費として計上することに変更するなど、損益計算書の計上区分を変更した会社は会計処理方法の変更としていると考えられます。

## ❻ ポイント引当金の算定方法

会社の採用するポイント制度によって算定方法は異なりますが、一般的な、有効ポイント残高に応じて自社商品と交換できるポイント制度の場合は以下のような算定式になります。

---

(算定式)

ポイント引当金＝ポイント残高×(1－失効率)×1ポイント当たりの単価

＊ ポイント引当金の算定の際に原価率を掛ける方法を採用する場合は、上記算定式に原価率を掛けます。

なお，ポイントに有効期限がある場合には，上記算式のポイント残高は有効期限内のポイント残高となります。また，一定のポイント数になった場合に金券に交換する場合には，当該一定のポイント残高以上のポイント残高が対象となり，算定式には，金券の交換率も掛けることになります。

ポイント引当金の算定に当たっては，ポイント使用の実績率等の基礎データを整備しておくことが必要です。

## 3　税務上の取扱い

### ❶　販売促進費と交際費との区分

小売業者等がポイント制度に伴って顧客に金券等を交付するための費用は販売促進費と考えられ，損金計上が認められます。

一方，販売代理店等の一般消費者とならない特定者に対して，金品引換券付販売（ポイント制度）に伴って金品（購入単価がおおむね3,000円以下の物品）に該当しない限り，交際費に該当します。

### ❷　金品引換券付販売に要する費用

ポイント制度に関する税務上の損金認識の時期については，法人税基本通達9－7－2に次のように記載されています。

> （金品引換券付販売に要する費用）
> 9－7－2　法人が商品等の金品引換券付販売により金品引換券と引換えに金銭又は物品を交付することとしている場合には，その金銭又は物品の代価に相当する額は，その引き換えた日の属する事業年度の損金の額に算入する。

金品引換券を発行しただけでは費用と認められず，金品を引き換えた日の属する事業年度に損金と認められます。したがって，ポイント引当金を繰り入れても税務上の損金とはなりません。

## ❸ 金品引換費用の未払計上

　金品引換券付販売（ポイント制度）に関する費用が税務上の確定債務として認識されるケースは，法人税基本通達９－７－３に次のように記載されています。

---
（金品引換費用の未払金の計上）

９－７－３　法人が商品券の金品引換券付販売をした場合において，その金品引換券が販売価額又は販売数量に応ずる点数等で表示されており，かつ，たとえ１枚の呈示があっても金銭又は物品と引き換えることとしているものであるときは，９－７－２にかかわらず，次の算式により計算した金額をその販売の日の属する事業年度において損金経理により未払金に計上することができる。

（算式）

　１枚又は１点について交付する金銭の額×その事業年度において発行した枚数又は点数

（注）１　算式中「１枚又は１点について交付する金銭の額」は，物品だけの引換えをすることとしている場合には，１枚又は１点について交付する物品の購入単価（２以上の物品のうちその１つを選択することができることとしている場合には，その最低購入単価）による。

　　　２　算式中「その事業年度において発行した枚数又は点数」には，その事業年度において発行した枚数又は点数のうち，その事業年度終了の日までに引換えの済んだもの及び引換期間の終了したものは含まない。

---

　ポイント制度については，発行会社によってポイントの引換条件が異なり，一定のポイントに達しなければ金品の引換券が発行されないケースや，売上値引として処理されるケースがあり，確定債務として認められない場合では上記の適用はありません。したがって，一定のポイントに達しなくても商品や金券と交換できる場合には確定債務として損金として処理できます。

### ❹　金品引換費用の未払金の益金算入

❸により損金の額に算入した未払金の額の益金算入について、法人税基本通達9－7－4に次のように記載されています。

> （金品引換費用の未払金の益金算入）
> 9－7－4　9－7－3により損金の額に算入した未払金の額は、その翌事業年度の益金の額に算入する。ただし、引換期間の定めのあるものでその期間が終了していないものの未払金の額は、その引換期間の末日の属する事業年度の益金の額に算入する。
> （注）　上記の「翌事業年度」及び「引換期間の末日の属する事業年度」は、その事業年度が連結事業年度に該当する場合には、当該連結事業年度とする。

すなわち、❸で損金の額に計上した未払金は、その翌事業年度にの益金の額に算入します。

## 4　国際財務報告基準（IFRS）における取扱い

### ❶　日本の実務と国際財務報告基準（IFRS）との相違

国際財務報告基準（IFRS）では、ポイント制度を総称してカスタマーロイヤリティプログラムと呼称しています。

このカスタマーロイヤリティプログラムについては、2007年6月に国際財務報告解釈指針委員会（IFRIC）からIFRIC解釈指針第13号（以下、「IFRIC第13号」という）「カスタマーロイヤリティープログラムの会計処理」が公表されました。

IFRIC第13号と日本の実務との主な相違点は以下のとおりです。

図表2-5 ポイントの会計処理に関する日本の実務とIFRSの比較

| | 日本の実務 | 国際財務報告基準（IFRS） |
|---|---|---|
| 会計基準等 | 企業会計原則注解18 ポイント制度のみを規定した会計基準はない。 | IAS第18号，IFRIC第13号 |
| ポイント制度の経済実態の考え方 | ポイント付与は，販売取引（初回の売上）を獲得するための販売促進活動。 | ポイント付与は販売取引（初回売上）とは別個の要素の取引。 |
| 収益の認識 | 初回売上時に受領対価の総額で収益を認識する。 | 初回売上時は，受領対価の一部を収益として認識し，残りのポイント付与分の収益は繰り延べて，ポイント使用によるサービス提供時に認識する。 |
| 負債の計上 | ポイント残高相当の追加費用をもとに負債計上をする。 | 公正価値ベースで計上する。 |
| 第三者のエージェントの処理：収益計上額と認識時点 | 特に規定なし。 | ポイント付与企業がプリンシパルかエージェントかを判別する。エージェントの場合，受取手数料部分を収益に計上する。収益計上時期は，第三者サービス提供義務を負い，かつ対価受領の権利を得た時点である。 |
| 対象となるポイント制度 | 特になし。 | ①販売取引に関連して企業が顧客に付与したポイントであり，②一定の要件を満たした場合に，顧客は獲得したポイントを使用して，無料もしくは値引により商品・サービスの提供を受けることができる。 |

## ❷ IFRIC第13号の適用範囲と適用時期

　IFRIC第13号は企業が次に示したポイント制度を採用している場合に，企業側が顧客に付与したポイントの会計処理について適用されます。
　① 販売取引に関連して企業が顧客に付与したポイントである。
　② 一定の要件を満たした場合に，顧客は獲得したポイントを使用して，無料もしくは値引きにより商品・サービスの提供を受けることができる。

したがって，現在，ポイント制度を採用している大多数の企業に適用されると思われます。
　また，ＩＦＲＩＣ第13号は2008年7月1日以降に開始する会計期間から適用され，早期適用も可能ですが，その場合はその旨の開示が求められます。

（公認会計士　成田礼子）

# 第4節　利息返還損失引当金の会計処理と税務

　本節で取り上げる「利息返還損失引当金」は，利息制限法の上限金利を超え，いわゆる出資法の上限金利以下の貸付利率（いわゆるグレーゾーン金利[注1]）により営業を行っている（行っていた）貸金業者が，債務者等から利息制限法の上限金利を超過して支払った利息の返還請求に起因して生じる返還額（損失）に備えて設定する引当金です。

　平成18年1月13日及び19日に「貸金業の規制等に関する法律」（以下，「貸金業規制法」という。）第43条・みなし弁済規定の適用[注2]に係る最高裁判決が出され，貸金業規制法が要求しているみなし弁済の適用条件を満たしていない貸付金に係る利息制限法の上限金利を超過して支払った利息は，無効との判断が示されました。この最高裁判決を受けて，債務者等から利息制限法の上限金利を超過して支払った利息の返還を受けることが従来に比べて増加することが予想され（発生可能性が高くなることが予想され），会計的にも具体的な対応が一層求められるようになりました。これに関連して，平成18年3月15日に日本公認会計士協会　リサーチ・センター審理情報No.24「「貸金業の規制等に関する法律」のみなし弁済規定の適用に係る最高裁判決を踏まえた消費者金融会社等における監査上の留意事項について」（以下，審理情報No.24とする）と平成18年10月13日に「消費者金融会社等の利息返還請求による損失に係る引当金の計上に関する監査上の取扱い　日本公認会計士協会　業種別委員会報告第37号」（以下，業種別委員会報告第37号とする）が関連する取扱いとして公表されています。

　なお，平成18年12月に公布された「貸金業の規制等に関する法律等の一部を改正する法律」により貸金業規制法が改正（以下，貸金業法とする）されました。この貸金業法の段階的な施行により，貸金業者において，グレーゾーン金利は

将来的になくなることになりますが(注3)、この場合においても、過去にグレーゾーン金利で営業を行っており、債務者等から返還請求がある場合には利息返還損失引当金の計上が必要になります。

(注1) グレーゾーン金利とは利息制限法の上限金利を超え出資法の上限金利以下の金利のことをいいます。利息制限法では、元本10万円未満は年利20％、10万円以上100万円未満は年利18％、100万円以上は年利15％までとする上限金利規制があり、「出資の受入れ、預り金及び金利等の取締りに関する法律」（「出資法」）においては年利29.2％の上限金利規制を規定しています。

(注2) みなし弁済とは、貸金業規制法において、貸金業者が業として行う金銭を目的とする消費貸借上の利息に関し、債務者が任意に支払った利息制限法の上限金利を超える利息のうち「出資法」が定める上限金利以下の利息について、その支払が法令に規定された一定の要件を満たす場合には、当該超過部分の支払は有効な利息債務の弁済とみなすというみなし弁済規定のことをいいます。

(注3) 貸金業法は平成22年6月に完全施行されました。出資法の上限金利は20％に引き下げられ、グレーゾーン金利は撤廃されました。

**（対象となる業種）**

消費者金融会社、信販会社などの貸金業

グレーゾーン金利での営業（貸付）を行っている（行っていた）貸金業者において、債務者等から返還請求がある場合には該当する。

## 1 利息返還額の返還方法

会社が債務者等からの請求に応じて利息を返還する場合、その返還方法として、既存の債権を放棄することによる場合と実際に債務者等に金銭を支払う方法による返還があります。

貸付金残高と利息制限法に基づく再計算による返還額との関係では、貸付金残高が返還額より大きい場合には、債権の一部放棄による返還という方法がとられます。貸付金残高が返還額よりも小さい場合には貸付金残高の全額放棄と差額についての金銭による返還という方法がとられます。貸付金残高がない完済等となっている債権については、返還額を金銭で返還するという方法がとら

れます。

図表2－6　利息返還額の返還方法

| 場合分け | | | 返還方法 |
|---|---|---|---|
| 貸付金残高あり | ≧ | 利息制限法に基づく再計算による返還額 | 返還額相当額の債権放棄による返還 |
| | ＜ | | 債権の全額放棄と超過部分に対する金銭による返還 |
| 貸付金残高なし | ＜ | | 返還額相当額の現金による返還 |

　以上のように，返還額は貸付金残高の有無，大小によって，債権放棄，金銭による返還，あるいは両者の組み合わせといった形式をとります。

　利息返還額（利息返還損失）の考え方については，業種別委員会報告第37号において「この利息返還に係る返還額は，債務者等からの利息制限法の上限金利を超過して支払った利息の返還請求に起因して生じた返還額であり，貸付金残高への充当については債務者等への返済方法でしかないことから，引当計上の対象となる返還額は利息制限法の上限金利で引き直し計算した場合に貸付金残高に充当される利息部分を含めた返還すべき利息総額とする。したがって，債務者等に対する返還請求に伴う現金返還部分のみを引当計上対象とするものではないことに留意する。」と記載されています。

## 2　利息返還損失引当金の対象

　審理情報No.24によれば，「債務者等から利息制限法の上限金利を超過して支払った利息の返還請求があり，決算日現在において和解が成立する等により返還金額が確定している場合においては，当該返還金額は未払金として流動負債に計上」されるとされ，「債務者等からの利息制限法の上限金利を超過して支払った利息の返還があるが和解に至っていないものが存在する場合及び請求はないが過去に返還実績がある等により今後返還の請求が見込まれる場合は，過去の返還実績を踏まえ，かつ最近の返還状況を考慮する等により返還額を合理的に見積り，当該見積返還額が企業会計原則注解【注18】に基づく引当金とし

て，「利息返還損失引当金」等適当な名称をもって負債の部に計上されていることを確かめる。なお，未返済貸付金がある場合は，貸倒引当金として計上することも考えられるので，監査上の判断に際しては留意する。」とされています。

図表2－7　利息返還額の会計処理

| | | |
|---|---|---|
| 債務者等から利息制限法の上限金利を超過して支払った利息の返還請求がある場合 | 決算日現在において和解が成立する等により返還金額が確定している | 実際に債務者等に支払われる返還金額を未払金として流動負債に計上<br>債権放棄部分については利息返還損失として処理され，利息返還損失引当金（貸倒引当金）を取り崩す |
| | 決算日現在において和解に至っていない | 合理的に見積り利息返還損失引当金として負債の部に計上する |
| 債務者等から利息制限法の上限金利を超過して支払った利息の返還請求はない場合 | 過去に返還実績がある等により今後返還の請求が見込まれる | |
| | 今後の返還が見込まれない | － |

　このように，利息返還損失引当金の対象は，①債務者等からの返還請求があるが，決算日現在において和解に至っていないため金額が確定しない返還額（損失額）と②債務者等からの返還請求はないが，将来返還請求を受けることが過去の実績から見込まれる返還額（損失額）に大きく分けられます。

## 3　利息返還損失引当金の計算方法

　利息返還損失引当金は，将来の利息返還損失に備えて計上する引当金であります。企業会計原則注解【注18】に基づく引当金として計上される必要があり，債務者等の請求に起因して発生する損失額をどのようにして合理的に算定するかがポイントになります。

　利息返還損失引当金の会計方針を例に挙げてみると以下のとおりです。

> **アコム（平成20年3月期）**
> **（重要な会計方針　7　引当金の計上基準）**
> (5)　利息返還損失引当金
> 　　将来の利息返還損失に備えるため，過去の返還実績を踏まえ，かつ最近の返還状況を考慮する等により返還額を合理的に見積もり計上しております。

> **武富士（平成20年3月期）**
> **（重要な会計方針　4　引当金の計上基準）**
> (2)　利息返還損失引当金
> 　　利息制限法の上限金利を超過する貸付金利息部分の顧客からの返還請求に備えるため，当事業年度末における将来の返還請求発生見込額を計上しております。

　利息返還損失引当金の対象は，①債務者等からの返還請求があるが，決算日現在において和解に至っていないため金額が確定していない返還額（損失額）②債務者等からの返還請求はないが，将来返還請求を受けることが過去の実績から見込まれる返還額（損失額）に大きく分けられますが，①については利息制限法による再計算により合理的に最大損失額を計算できるため，これを基にして算定していくことになります（和解に至っていないため，計算された金額のすべてが発生額（損失）になるわけではありません）。②については過去の実績等を踏まえて合理的に算定することになります。

　業種別委員会報告第37号では「利息返還損失引当金は，期末時点の会社が有する将来の利息返還損失に備えるために設定される引当金であるから，原則として，過去の利息返還額の発生状況を分析し将来の利息返還損失額を合理的に見積もった上で，一括して計上されている必要がある。ただし，当該利息返還請求が債務者等の債務整理と密接に関連することから，グレーゾーン金利により貸し付けられた貸付金を対象として，下記のように期末に貸付残高のある場

合と完済・償却により期末に貸付金残高のない場合に分類して、計上額を見積もることも実務上合理的である。」とし、「具体的な計算方法を期末に残高がある場合と貸付残高がない場合に分類し、債務者等からの合理的見積期間に係る利息返還請求件数の返還実績率、平均返還額等を属性別に把握して、将来返還が見込まれる額を計算する。」とされています。

具体的には下記のように示され、それぞれ計算されることとなります。

> ① **貸付金残高がある場合**
> ア 延滞債権
>
> 　延滞債権については、延滞日数等から適当な区分に分類し、債務者等からの合理的見積期間に係る区分ごとの利息返還請求件数の返還実績率に平均返還額を乗じて算出される額を引き当てるものとする。なお、法的整理、私的整理の状況にある場合には、利息返還額について平均返還額に代えて、個別に再計算した額に、実績率を乗じて算出される額を引き当てるものとする。合理的見積期間は、原則として延滞発生から債務整理に至る平均期間とする。ただし、当該期間が概ね1年以内であり、当該期間を1年間とした場合には妥当なものとして取り扱うことができるものとする。また、法令改正、社会情勢の変化が与える影響を反映する場合が適当と認められる場合には、一定の補正を加味するものとする。
>
> （延滞等区分別）
>
> | 区分ごとの延滞債権口座数 | × | 合理的見積期間に係る返還実績率 | × | 平均返還額 |
>
> イ 正常債権
>
> 　正常債権については、正常債権の状況で利息返還請求を受ける場合と期首時点の正常債権から延滞債権へ転移し利息返還請求を受ける場合の利息返還請求件数によって算定した返還実績率に平均返還額を乗じて算定される額を引き当てるものとする。なお、期中に延滞状況になり利息返還請求を受ける場合も正常債権の状況で利息返還請求を受ける場合に

含めることとする。合理的見積期間は，債務者等からの利息返還請求を受ける可能性は貸付残高がある期間中生じることから，原則として貸付金の平均回収期間又は平均利用期間とする。また，法令改正，社会情勢の変化が与える影響を反映する場合が適当と認められる場合には，一定の補正を加味するものとする。

$$\text{正常債権口座数} \times \text{合理的見積期間に係る返還実績率} \times \text{平均返還額}$$

② 貸付金残高がない場合

貸付金残高のない債務者等からの利息返還請求については，会社が債務者等から利息の返還請求を受けた場合に対応が必要となる過去に完済又は償却した貸付金を対象として，年度ごとの完済・償却件数及び年度ごとの完済・償却した債務者等からの合理的見積期間に係る利息返還請求件数等による返還実績率に平均返還額を乗じて算出された額を引き当てるものとする。合理的見積期間は，完済・償却後の利息返還請求を受けるまでの年数等を勘案して決定する。合理的見積期間を決定するに当たっては，利息返還請求を受けた案件についての完済・償却からの経過年数及びその発生率等合理的な基準に基づいて決定されることに留意する必要がある。また，法令改正，社会情勢の変化が与える影響を反映する場合が適当と認められる場合には，一定の補正を加味するものとする。

$$\text{過去完済・償却件数} \times \text{合理的見積期間に係る返還実績率} \times \text{平均返還額}$$

上記具体的計算方法によって計算するに際して，会社によっては，詳細な属性別のデータが整備されていないことから，口座数に対する利息返還請求に至った実績率，平均返還額等により見積もらざるを得ない場合も想定される。この場合であっても，可能な限り属性ごと等の指標を加味して具体的計算方法に準じて計算を行うものとする。特に，合理的見積期間については具体的計算方法での考え方を採用することに留意する。また，具

体的計算方法に準じて計算を行う場合においても、法令改正、社会情勢の変化が与える影響を反映する場合が適当と認められる場合には、一定の補正を加味するものとする。

### ③ その他

利息返還損失引当金の計上額は、利息返還実績等の状況に応じて決算期ごとに見直す必要がある。そのためには、より合理的な見積りを行うため、取引期間、貸付金残高、他社の借入状況等の属性分類による区分を行いより精緻に決算期ごとに検討することとする。

## 4 利息返還損失引当金の会計処理

利息返還損失引当金の会計処理については、審理情報No.24と業種別委員会報告第37号が公表されていますので、この考え方に沿った会計処理が必要になります。利息返還損失引当金は、上述の計算方法等に従い期末ごとに計算を実施し、前期に計上した引当金計上額から当期の利息返還損失を差し引いた充当後の引当金額と比較し、差額について不足が発生していれば利息返還損失引当金繰入額として営業費用の区分に計上されることになります。

一方、戻入が発生する場合には特別利益の区分に計上することになります。ただし、利息返還額が高止まりとなっている状況において、計算上戻入となる場合には計算結果そのものの妥当性について再度検討し、一定の補正等を実施することが必要となる場合もありますので、総合的な判断が必要となります。

これを取りまとめると以下のとおりとなります。

図表2-8 利息返還損失引当金の会計処理

| 場合分け | | | 会計処理 |
|---|---|---|---|
| 充当後利息返還損失引当金 | < | 当期末算定利息返還損失引当金 | 営業費用として差額を繰入 |
| | = | | - |
| | > | | 特別利益として戻入だが、戻入には慎重な判断が必要 |

$$\text{前期末計上利息}_{\text{返還損失引当金}} - \text{当期利息}_{\text{返還損失}} = \text{充当後利息返}_{\text{還損失引当金}}$$

また，利息返還損失引当金の表示については，ワン・イヤー・ルールに従い，流動負債又は固定負債に計上することになりますが，一年部分が明確に区分できない場合には，そのすべてを固定負債として計上することになります。

なお，利息返還請求による返還を債権放棄により行う部分については，注記することを条件として，貸倒引当金として計上することも認められています。これについて業種別委員会報告第37号に「なお，利息の返還請求を受けた債務者等の貸付金残高がある場合は，当該利息の返還請求が債務整理の一手法として実行され，実務上，貸付金に優先的に充当される返還額を貸倒引当金の貸倒実績率に含め引当計上してきた特殊性に鑑み，見積返還額のうち貸付金に充当される部分については貸倒引当金として計上することも考えられる。ただし，この貸倒引当金と利息返還損失引当金との併用方法を採用した場合には，開示情報の有用性を確保する観点から，見積返還額の一部が貸倒引当金に含まれている旨，及び当該金額が注記されているか留意する必要がある。」とされています。

〈貸倒引当金との併用方法を採用している例〉

---

プロミス（平成20年3月期）

（重要な会計方針　5　引当金の計上基準）

(5)　利息返還損失引当金

　　顧客等から利息制限法の上限金利を超過して支払った利息の返還請求があるが，和解に至っていないもの及び過去の返還実績を踏まえ，かつ最近の返還状況を考慮し，返還見込額を合理的に見積もり，計上しております。

（注記事項　貸借対照表関係）

＊9　貸倒引当金には利息返還金のうち，営業貸付金に充当される見積返還額118,300百万円が含まれております。

## 5　利息返還損失引当金の税務上の取扱い

　利息返還損失引当金の対象は，金銭の支出の有無という観点からすると①債務者等の利息返還請求に基づいて将来において債権放棄を行うことにより生じる損失部分②債務者等の利息返還請求に基づいて金銭による返還を行うことにより生じる損失部分に大別できます。

　会計処理の方法としては，①②ともに利息返還損失引当金として計上する原則的な方法と①については貸倒引当金として計上し，②については利息返還損失引当金として計上する方法（併用方式）があります。

　利息返還損失引当金は，繰入をした時点ではその全額を有税で処理することとなり，債務者等の利息返還請求に基づく債権放棄，債務者等の利息返還請求に基づいて金銭による返還の時点で認容していくこととなります。

　併用方式を採用した場合には，債務者等の利息返還請求に基づく債権放棄による損失が税務上の貸倒損失に含まれるのか問題となりますが，利息返還請求による債権放棄による損失は，税務上の貸倒実績率算定上の貸倒損失から除いて算定することになると思われます。これは，債務者等の利息返還請求に基づく債権放棄が，過払となっていた利息の債務者等への返還という原因に起因し，通常の債権放棄と性格を異にしているためです。このため，併用方式を採用する場合においても，貸倒損失を通常の貸倒損失と利息返還請求に基づく債権放棄による損失とに明確に区別し，税務上の貸倒実績率を算定する必要があると考えます。

（公認会計士　田口寛之）

# 第3章

## 特定業種に特有な会計と税務

## ≪本章の概要≫

本章においては、いくつかの特定業種において特に課題となる会計処理と税務を解説します。

ここでは、商社・卸売業に関連する事項、不動産販売業に関連する事項、銀行業に関連する事項、長期請負工事に関連する事項について取り上げています。

取り上げている業種や論点は多くはありませんが、一口に商社・卸売業といっても、「一般卸売業、専門卸売業、系列販社、購買代行業、卸売市場、商社」などが含まれ、長期請負工事を行っている業種には、「建設業、機械製造業、プラント業、ソフトウェア業等」が含まれています。

また、不動産販売業、銀行業についてはそれぞれが特色を持った業種であり、銀行業については、特色が多岐に渡るため、最近、導入された金融商品の時価開示に絞って説明を行っていますが、一般企業においても非常に参考となると思われます。

| 本章の項目 | 関連する業種・組織形態 |
| --- | --- |
| 1　商社・卸売業に特有の会計処理と税務 | 一般卸売業、専門卸売業、系列販社、購買代行業、卸売市場、商社など |
| 2　不動産販売業の会計処理と税務 | 不動産販売業 |
| 3　銀行業における金融商品の全面時価開示のための実務対応 | 金融業、特に銀行業 |
| 4　長期請負工事契約に係る会計処理と税務 | 建設業、機械製造業、プラント業、ソフトウェア業等 |

# 第1節　商社・卸売業に特有の
　　　　会計処理と税務

　本節で取り上げる「商社・卸売業」は，財貨ないしサービスの生産者と消費者との間を仲介する事業を指し，主な業種として，一般卸売業，専門卸売業，系列販社，購買代行業，卸売市場，総合商社，専門商社などがあげられます。これら「商社・卸売業」にはさまざまな分類方法が存在しますが，一般的には，総務省が公表している日本標準産業分類の大分類を基礎として，証券コード協議会における業種区分が用いられています。具体的な区分例は図表３－１のとおりです。

　なお，商社とは，口銭ビジネスに代表される貿易や輸出入の仲介取引を業務の中心としてきた会社であり，広義には卸売業者としてとらえることができま

図表３－１　業種区分例

| 日本標準産業分類区分 | | 証券コード協議会における事業区分 | | |
|---|---|---|---|---|
| 大分類 | 中分類 | 業種 | | 業種コード |
| | | 大分類 | 中分類 | |
| Ⅰ　卸売業・小売業 | 50　各種商品卸売業 | 商業 | 卸売業 | 6050 |
| | 51　繊維・衣服等卸売業 | | | |
| | 52　飲食料品卸売業 | | | |
| | 53　建築材料，鉱物・金属材料等卸売業 | | | |
| | 54　機械器具卸売業 | | | |
| | 55　その他の卸売業 | | | |
| | 56　各種商品小売業<br>　　　（以下，省略） | | 小売業 | 6100 |

す。もっとも，商取引機能だけでなく，次第に，情報・調査機能，市場開拓機能，事業開発機能，リスクマネジメント機能，ロジスティクス機能，金融機能，オーガナイザー機能等といったさまざまな機能を駆使してビジネスを展開するようになり，近年では，特に事業投資を積極的に行っています。商社等の行う事業投資は，有望な事業を発掘して資金を投入するだけでなく，商社等が持つ広範なリソースを生かし，(1)経営者の派遣，(2)ビジネスパートナーの紹介，(3)金融支援，(4)情報支援などを積極的に行い，投資先の成長を促しています。また，専門商社等では生き残りをかけて同業者間の事業再編も盛んです。

　本節においては，「商社・卸売業」を営む企業（以下，「商社等」）に特有の会計処理や税務上の論点について，国際財務報告基準に照らしたわが国会計制度の今後の方向性についても部分的に触れながら，述べていきたいと思います。

> （主に対象となる業種）
> 　一般卸売業，専門卸売業，系列販社，購買代行業，卸売市場，商社

# 1　財務報告面の特徴

　図表3－2を見てもわかるように，商社等の財務報告面における主な特徴としては，次の2点を挙げることができます。
① 　売上総利益率が低い（薄利多売である）。
② 　営業債権・営業債務の総資産に占める割合が高い。

図表3－2　財務数値例

| | 三菱商事 | 三井物産 | 住友商事 | 双日 | アルフレッサホールディングス | メディセオ・パルタックホールディングス | スズケン | 京セラ | ホンダ |
|---|---|---|---|---|---|---|---|---|---|
| ①収益 | 4,541 | 4,096 | 2,884 | － | － | － | － | － | － |
| ②売上高 | 17,098 | 9,358 | 7,767 | 3,844 | 2,059 | 2,546 | 1,735 | 1,073 | 8,579 |
| ③売上総利益 | 1,016 | 701 | 779 | 178 | 143 | 181 | 169 | 285 | 2,164 |
| ④売上総利益率（③／②） | 5.9% | 7.5% | 10.0% | 4.6% | 6.9% | 7.1% | 9.7% | 26.6% | 25.2% |
| ⑤総資産額 | 10,891 | 8,368 | 7,137 | 2,160 | 941 | 1,166 | 858 | 1,848 | 11,629 |
| ⑥内，営業債権 | 2,929 | 1,819 | 1,496 | 453 | 506 | 569 | 410 | 203 | 883 |
| ⑥／⑤ | 26.9% | 21.7% | 21.0% | 21.0% | 53.8% | 48.8% | 47.8% | 11.0% | 7.6% |
| ⑦内，棚卸資産 | 858 | 504 | 676 | 248 | 103 | 120 | 107 | 177 | 935 |
| ⑦／⑤ | 7.9% | 6.0% | 9.5% | 11.5% | 10.9% | 10.3% | 12.5% | 9.6% | 8.0% |
| ⑧内，営業債務 | 2,175 | 1,408 | 990 | 377 | 660 | 719 | 528 | 89 | 827 |
| ⑧／⑤ | 20.0% | 16.8% | 13.9% | 17.5% | 70.1% | 61.7% | 61.5% | 4.8% | 7.1% |

注1）　単位：数値は10億円
注2）　社名は略称
注3）　各社の有価証券報告書（平成22年3月期）連結数値から筆者作成

## 2　収 益 認 識

　収益の認識に関する現行のわが国会計制度では，企業会計原則により「売上高は，実現主義の原則に従い，商品等の販売又は役務の給付によって実現したものに限る。」と規定されている程度であり，実現主義に関する具体的な要件は存在しません。このため，各企業は，販売取引の経済実態や実務慣行等を斟酌しながら，収益実現の具体的なタイミングを個々に判断しています。
　もっとも，今後の方向性を示すものとして，次の報告等が公表されています。
- 会計制度委員会研究報告第13号「我が国の収益認識に関する研究報告

(中間報告)－ＩＡＳ第18号「収益」に照らした考察」(平成21年7月9日 日本公認会計士協会)(以下,「研究報告」)
- 「収益認識に関する論点の整理」(平成21年9月8日　企業会計基準委員会)(以下,「論点整理」)

上述したように,現行のわが国会計制度では実現主義に関する具体的な要件が定められていないことから,これら「研究報告」や「論点整理」は,当該要件を検討する上での参考となるよう,また,国際財務報告基準へのコンバージェンスを見据えて公表されたものです。

以下では,収益の認識に関する主な論点について述べていきます。

## ❶　物品販売

商社等における物品の販売については,収益実現のタイミングとして,(ア)客先への引渡時（納品基準）,(イ)客先検収時（検収基準）,(ウ)出荷時（出荷基準）のいずれもが,継続的適用を条件として,採用されています。中でも,(ウ)の出荷基準については,出荷から納品までのリードタイムが極めて短いケースが多いこと,商品出荷時点以降当該商品が客先に引き渡されるまでの流れが滞ることがほとんどないという実務慣行があること等を理由に,幅広く採用されています。

これに対して,「研究報告」や「論点整理」では,出荷基準そのものを直接的に否定しているわけではないものの,以下のように出荷時点での収益認識を限定する立場をとっています。

---

- 物品の販売に関し,我が国の実現主義の下での収益認識要件（「財貨の移転の完了」と「対価の成立」の２要件）をより厳格に解釈すると,収益は一般に物品が顧客に引き渡されるまでは認識できないことになると考えられる。

（「研究報告」より抜粋）

---

> - 財の所有に伴う重要なリスクと経済価値の移転を収益認識の主な判断規準とするIAS第18号の下では，通常，出荷時点で収益認識を行うことは難しいと考えられる。顧客へ向けて発送を行っただけで，未だ，顧客に引き渡されてもいない段階では，通常，当該財の所有に伴う重要なリスクと経済価値が顧客に移転しているとはいえないからである。
> - 財に対する支配の顧客への移転を，収益認識の判断規準とする提案モデルにおいても，通常，出荷時点で収益認識することは難しいと考えられる。通常，顧客に向けて，出荷を行っただけでは，実際に当該財を使用，収益できる状態にはなっていないと考えられる。そのような場合には，出荷時点で当該財に対する支配を顧客に移転する旨の特段の契約条件が定められているような場合を除き，出荷時点と財に対する支配の移転時点は一致しないと考えられるからである。
>
> （「論点整理」より抜粋）

このように，今後はわが国においても出荷基準による収益認識は限定される方向が強まっていくものと推察されます。

次に，物品販売に係る海外取引については，貿易における取引条件によって収益の認識時期が異なる点に留意する必要があります。

図表3－3に示したように，E型，F型，C型の場合には，輸出地にて危険負担が買い手に移転します。しかし，インコタームズは商品の所有権移転時期については規定していませんので別途契約で定めることになります。このため，収益の認識時期も厳密には当該契約内容によって決まりますが，E型の場合は出荷基準，F型の場合は船積基準，C型の場合は契約内容により船積基準ないし引渡基準で収益認識されることが一般的です。

一方，D型の場合には，契約上の指定場所に製品を持ち込んだ時点で在庫保有に伴う費用及びリスクが買手に移転することになるため，輸入地の指定場所において引渡しが行われた時点で収益を認識することになります。

図表3－3　インコタームズ(※)で定義されている受渡し条件

| グループ | 名　　　　称 | 条　　件 | 危険負担の移転 |
|---|---|---|---|
| E（出荷）<br>　売り手の所在地で買い手が受け取る条件 | | | 輸出地 |
| | EXW（Ex Works） | 出荷工場渡し | |
| F（主要運送費抜き）<br>　輸出国の港・空港までは売り手が商品を運び，そこで買い手が受け取る条件 | | | |
| | FCA（Free Carrier） | 運送人渡し | |
| | FAS（Free Alongside Ship） | 船側渡し | |
| | FOB（Free On Board） | 本船渡し | |
| C（主要運送費込）<br>　売り手が輸入地までの輸送等の費用を負担する条件。ただし，商品に対する危険責任は輸出地で売り手から買い手に移転（所有権は輸出地では正式に移転せず，B／Lなどの船積書類と交換に代金を決済した時点で遡及して移転） | | | |
| | CFR（Cost and Freight） | 運賃込み | |
| | CIF（Cost, Insurance and Freight） | 運賃保険料込み | |
| | CPT（Carriage Paid to） | 運送費込み | |
| | CIP（Carriage and insurance Paid to） | 輸送費保険料込み | |
| D（到着）<br>　売り手が費用と商品への危険責任の両方を，輸入地まで負担する条件 | | | 輸入地 |
| | DAF（Delivered at Frontier） | 国境持込渡し | |
| | DES（Delivered EX Ship） | 本船持込渡し | |
| | DEQ（Delivered EX Quay） | 埠頭持込渡し | |
| | DDU（Delivered Duty Unpaid） | 関税抜き持込渡し | |
| | DDP（Delivered Duty Paid） | 関税込持込渡し | |

（※）　国際商業会議所が策定した貿易条件の定義

## ❷ 役務の提供

商社等における事務代行取引，内口銭取引，外口銭取引，口座貸し取引のような役務提供取引については，先方との契約内容により収益実現のタイミングが決定されます。実務上は，役務提供完了時点で収益認識するケースが多いと考えられます。もっとも，一定の契約に従って継続して役務提供を行う場合には時の経過を基礎として収益認識することも考えられます。

## ❸ 総額表示と純額表示

現行のわが国会計基準では，収益を総額表示すべきか純額表示すべきかについての具体的な指針は定められていません。

一方，米国基準により連結財務諸表を作成している会社は，連結財務諸表における収益の額の表示について，ＦＡＳＢ　ＥＩＴＦ第99－19号「契約当事者における収益の総額表示と代理人における収益の純額表示」に従った開示を行っており，代理人としての取引については，純額表示した上「収益」として開示し，財務諸表利用者の有用性を考慮し，「売上高」を追加的に開示しています（図表３－２の三菱商事・三井物産・住友商事参照）。

「研究報告」や「論点整理」は，米国基準と類似した考え方を採用しており，「実質的に代理人として行われた取引」ないし「企業が顧客に対して負っている契約上の義務の内容が，対象となっている財やサービスを，第三者が提供するように手配することであると判断される場合」には，手数料部分のみを収益として表示することを提案しています。

また，国際財務報告基準においても，収益の総額表示と純額表示に関する指針としては，ＩＡＳ18号付録第21項において次のように示されており，米国基準のＥＩＴＦ99－19号と類似した内容となっています。

図表 3 - 4　総額表示と純額表示

| 企業が本人当事者として活動していることを示す特徴〜総額表示すべき場合 |
|---|
| ● 企業は，顧客に対して物品又は役務を提供する，もしくは，その注文を履行する主たる責任を負っている。<br>　（例）　顧客が注文，購入した物品もしくは役務の品質等に関し，顧客が最終的にそれらを受け入れることにより取引が完了するまでの責任を，企業自身が負っている場合<br>● 企業は，売れ残り，陳腐化等の注文に関する在庫リスク，出荷過程における事故，破損等のリスク，又は返品リスクを負っている。<br>● 企業は，直接的又は間接的に価格を決定する権利を有している。したがって，値引きや追加の支払いを受領することなく他の物品又は役務を提供するなどといった，販売戦略を主体的に決定することができる。<br>● 企業は，対価の回収可能性に関して，顧客の信用リスクを負っている。 |
| 企業が代理人として活動していることを示す特徴〜純額表示すべき場合 |
| ● 企業が物品の販売又は役務の提供に関する重要なリスクと経済価値にさらされていない場合<br>　（例）　企業が受領する金額が取引1件当たりの固定報酬又は顧客への請求金額の一定の比率によるなど事前に取り決められている場合 |

(注)：『完全比較　国際会計基準と日本基準』（レクシスネクシス・ジャパン株式会社）を参考に筆者一部加筆

したがって，今後は，わが国においても代理人としての取引については純額表示される方向が強まっていくことが推察されます。

## 3　収益測定

　収益の測定に関しては，収益認識と同様，わが国では具体的な規定が存在しません。実務上は，実現主義の適用により，取引当事者間で事実上合意された対価として受領する現金又は現金同等物の額で測定されることが多いようです。
　一方，国際財務報告基準では，収益は受領した又は受領可能な対価の公正価値により測定することとされています。なお，ここでいう「公正価値」とは，企業が許容した値引き及び割戻しの額を考慮した後のものとなります。

## ❶ 売上割引

売上割引とは，信用取引により売掛金を計上した売上について，支払期日以前に得意先から支払があった場合の減免額のことです。早期回収時の利息に相当するという理由から，現行のわが国会計制度上，支払利息と同様に営業外費用として表示されます。ただし，消費税法上は，利息とは異なり，課税取引となります。

一方，国際財務報告基準においては，収益の額は公正価値で測定されるため，売上割引は，値引き等と同様，収益の控除項目とされます。

## ❷ リベート

わが国では，さまざまな取引条件により得意先に対してリベートを支払うことがあります。このような取引慣行に対して，契約条件の多様性を理由に，実務上は次のような複数の会計処理が容認されています。

図表3－5　リベートの会計処理

| 会計処理 | 基本的な考え方 |
| --- | --- |
| 売上高控除処理 | 一定期間に多額又は多量の取引をした得意先に対する売上代金の一部減額，売上代金の一部返金 |
| 販売費及び一般管理費処理 | 販売促進費等の経費の補填 |

一方，国際財務報告基準では，上述したように，収益の額は公正価値で測定されるため，販売促進費等の経費の補填であることが明らか場合を除き，リベートは売上高の控除項目とされます。

## ❸ 売価未確定の取引

これは，消費財卸業者や専門商社等でよく見られますが，納品後，一定期間を経過した後（例えば，販売代金入金時）に値引きや割戻し要請がくる場合があります。その理由はさまざまで，しかも，契約書等の書面によっていないケースもあります。

このような場合，実務上は，過去の実績率等に基づいて合理的に見積もった

売上値引引当金等を計上し、将来の減額予定額を控除した金額で収益計上している事例があります。ただし、当該金額を合理的に見積もることができない場合には、商品を引き渡した時点では総額で収益を認識し、後日、値引きや割戻しの処理を行うという実務処理もあります。

一方、国際財務報告基準では、収益の額は信頼性をもって測定することが収益認識要件の1つとして求めています。このため、将来の値引きないし割戻し金額を合理的に見積もることができない場合には、それらを考慮した売価を、信頼性をもって測定することができるようになった時点で収益認識することになり、わが国の現行会計制度とは収益認識のタイミングが異なる可能性があるので、留意が必要です。

## 4　輸　入　取　引

### ❶　仕入計上時期

仕入計上時期については、収益認識と同様、わが国では具体的な規定は存在しません。ただし、財・サービスの引き渡し時点で所有権が移転すると考えられるので、当該時点で仕入を計上することが一般的です。

これを図表3-3に示した受渡し条件に照らしてみると、E型の場合には、売り手の工場等にて商品が引き渡された時点で、F型及びC型の場合には原則として船積時点で仕入を計上することになります。ただし、C型の場合には、船積時点では正式に商品の所有権は買い手に移転しませんので、実務上は、船積書類を入手した時点で仕入計上しているケースが多いようです。D型の場合には、輸入地の指定場所において引渡しが行われた時点で仕入計上することになります。

### ❷　輸　入　金　融

商社等は、最初で述べたように、さまざまな機能を果たしていますが、その1つである金融機能を担うため、次のような方法を活用しています。

## 1　輸入ユーザンス

輸入ユーザンスとは，輸出国の相手方に対して負担する輸入代金の支払いを，内売や他国転売によってその代金を回収するまで猶予してもらうことを指します。また，一覧払手形に対する期限付手形や，さらには，為替銀行が信用を供与して一定期間支払いを猶予するという意味もあります。

なお，支払いを猶予する主体により，次のように分類されます。

| 猶予する主体 | 名　称 |
|---|---|
| 銀　行 | 銀行ユーザンス<br>・アクセプタンス方式<br>・リファイナンス方式<br>・本邦ローン |
| 輸出者 | シッパーズユーザンス |

ＦＯＢ契約を前提とした場合，輸入ユーザンスに関する会計処理例は次のようになります。

| | 期限付手形 | 一覧払手形 |
|---|---|---|
| 船積時 | （借）輸入仕入　×××　 | （貸）輸入買掛金　××× |
| 手形引受ないし決済時 | （借）輸入買掛金　×××<br>　（貸）輸入支払手形　××× | （借）輸入買掛金　×××<br>　（貸）輸入借入金　××× |
| ユーザンス手形満期時 | （借）輸入支払手形　×××<br>　（貸）当座預金　××× | （借）輸入借入金　×××<br>　（貸）当座預金　××× |

## 2　跳ね返り金融

跳ね返り金融とは，輸入商品の売却代金の手形期日とユーザンスの期日にずれがあり，輸入ユーザンス期間中に支払いができない場合，日本の銀行が新たに円貨によって行う金融のことをいいます。

ＦＯＢ契約を前提とした場合，跳ね返り金融に関する会計処理例は次のようになります。

|  | 期限付手形 | 一覧払手形 |
|---|---|---|
| 船積時 | （借）輸入仕入　×××　<br>（貸）輸入買掛金　××× | （借）輸入買掛金　×××<br>（貸）輸入借入金　××× |
| 手形引受ないし決済時 | （借）輸入買掛金　×××<br>　　　（貸）輸入支払手形　××× | （借）輸入買掛金　×××<br>　　　（貸）輸入借入金　××× |
| ユーザンス手形満期時 | （借）輸入支払手形　×××<br>　　　（貸）当座預金　×××<br><br>（借）当座預金　×××<br>　　　（貸）輸入借入金　××× | （借）輸入借入金　×××<br>　　　（貸）当座預金　×××<br>　　　　　　　　　　　　（外貨）<br>（借）当座預金　×××<br>　　　（貸）輸入借入金　×××<br>　　　　　　　　　　　　（円貨） |

ユーザンス手形満期時に跳ね返り資金を借り入れ，手形代金を決済します。また，既に借入金処理している場合には，借入金の借換え処理を行うことになります。

## 5　税務上の留意点

### ❶　移転価格税制

商社等は幅広く国際取引を展開していることが多いため，国際課税関係，とりわけ，移転価格税制については，特に留意して対応することが肝要です。

図表3－6　国際課税の状況（国税庁のホームページより抜粋）

(1)　海外取引に係る課税状況

| 事務年度 \ 項目 | 申告漏れ件数 | 申告漏れ所得金額 |
|---|---|---|
| 15 | 696件（ 87.4％） | 2,156億円（ 57.0％） |
| 16 | 679件（ 97.6％） | 4,080億円（189.2％） |
| 17 | 885件（130.3％） | 5,086億円（124.7％） |
| 18 | 834件（ 94.2％） | 3,992億円（ 78.5％） |
| 19 | 870件（104.3％） | 4,177億円（104.6％） |
| 20 | 893件（102.6％） | 1,860億円（ 44.5％） |

(2) 外国子会社合算税制（タックス・ヘイブン対策税制）に係る課税状況

| 事務年度 項目 | 申告漏れ件数 | 申告漏れ所得金額 |
|---|---|---|
| 15 | 66件（ 97.1％） | 36億円（  5.1％） |
| 16 | 76件（115.2％） | 487億円（1,336.4％） |
| 17 | 86件（113.2％） | 171億円（ 35.1％） |
| 18 | 81件（ 94.2％） | 139億円（ 81.3％） |
| 19 | 98件（121.0％） | 481億円（346.3％） |
| 20 | 81件（ 82.7％） | 107億円（ 22.2％） |

(3) 移転価格税制に係る課税状況

| 事務年度 項目 | 申告漏れ件数 | 申告漏れ所得金額 |
|---|---|---|
| 15 | 62件（100.0％） | 758億円（104.6％） |
| 16 | 82件（132.3％） | 2,168億円（286.2％） |
| 17 | 119件（145.1％） | 2,836億円（130.8％） |
| 18 | 101件（ 84.9％） | 1,051億円（ 37.1％） |
| 19 | 133件（131.7％） | 1,696億円（161.3％） |
| 20 | 111件（ 83.5％） | 270億円（ 15.9％） |

(4) 移転価格税制に係る事前確認の申出及び処理の状況

| 事務年度 項目 | 申出件数 | 処理件数 | 繰越件数 |
|---|---|---|---|
| 15 | 65件 | 28件 | （不明） |
| 16 | 51件 | 34件 | 160件 |
| 17 | 76件 | 32件 | 204件 |
| 18 | 92件 | 72件 | 224件 |
| 19 | 93件 | 70件 | 247件 |
| 20 | 111件 | 70件 | 288件 |

　図表3－6の(3)で明らかなように，移転価格税制に係る申告漏れ件数は増加する傾向にあります。また，(4)を見ると，当該税制に係る事前確認に係る申出件数も増加していることがわかります。加えて，事前確認に係る申出件数を大きく上回る繰越件数があるのも特徴的です。事前確認制度（APA）を利用して課税庁から事前に確認を受けようとする会社も少なくないと思いますが，こ

れだけの繰越件数があるということは，課税庁としても処理するのに相当の時間を要しているものと推察されます。

移転価格税額はその金額的重要性も高く，影響も大きいことから，早めの対応を心掛けることが肝要です。移転価格税制の詳細については，第1章第4節「海外子会社のある会社に特有の税務」をご参照下さい。

### ❷ 支払リベート

わが国の法人税法上，リベートの支払先がその基因となった取引先であり，かつ，あらかじめ定められた契約内容に従って支払われる場合には，当該支払額を損金処理することができ，その時期について次のように規定されています。

図表3－7　売上割戻しの計上時期（法人税基本通達2－5－1）

---
- その算定基準が販売価格又は販売数量によっており，かつ，その算定基準が契約その他の方法により相手方に明示されているもの
  ▷ 原則：販売した日の属する事業年度
  ▷ 例外：売上割戻しの金額の通知又は支払をした日の属する事業年度（継続適用が要件）
- 上記以外
  ▷ 原則：売上割戻しの金額の通知又は支払をした日の属する事業年度
  ▷ 例外：売上割戻しの支払基準等が内部的に決まっており，決算期末までにその基準に基づき継続的に未払金経理をして，確定申告期限までに相手方に通知すれば継続適用を条件に上記の処理が可能
---

また，事前の契約がない場合でも，得意先に対して売上高や売掛金の回収高に比例して，又は売上高の一定額ごとに金銭で支出する割戻し金や，得意先の営業地域の特殊事情や協力度合い等を勘案して金銭で支出する費用は，交際費とせず一般の損金として取り扱うことができます（租税特別措置法通達61の4(1)－3）。

これに対して，「お礼」として支払う紹介料等は，事前の契約や日常の取引との比例関係がないため，原則として交際費となる点に留意が必要です。

なお，リベートは消費税法上，課税取引となります。

## ❸ 消　費　税

### 1　輸出入取引

　消費税は，国内において事業者が事業として対価を得て行う資産の譲渡，資産の貸付け及び役務の提供に対して課税されます。この点，商社等のように海外取引が多い業種では課税取引と非課税取引の区分が煩雑になりがちです。初めに経理ソフトや経理システムで課税・非課税の区分を設定し，その後は自動計算している会社も多いとは思いますが，輸入取引に関する仕入税額控除金額や輸出免税の対象となる取引のように，個別判断を要するような取引については，別途検証するような内部管理体制を構築することも肝要です。

### 2　簡易課税制度

　簡易課税制度における事業区分については，中小の商社等にとっては検討課題の1つになります。

　簡易課税の事業区分は，概ね図表3－1で記載した日本標準産業分類（大分類）を基礎としており，この中で，卸売業（第1種事業）は，他の者から購入した商品をその性質や形状を変更しないで他の事業者に対して販売する事業とされています。具体的には次のように例示されています。

図表3－8　卸売業の具体例（国税庁ホームページより）

| 事　　業 | 例　　示 |
|---|---|
| 他の者から仕入れた商品を他の小売業者又は棚卸業者に販売する事業 | 酒類の卸売業者が酒類の小売店に対して行う酒類の販売 |
| 購入者が業務用に使用する商品を販売する事業 | プロパンガスの販売店が食堂や工場に対して行うプロパンガスの販売，ガソリンスタンドが運送会社に対して行うトラック用燃料の販売等 |
| 主として業務用に使用される物品，例えば，病院，美容院，レストランなどの設備，業務用の機械や産業用機械，建設用の資材など，本来の用途が業務用である物品を他の事業者に販売する事業 | 木材店が行う建設業者に対する材木の販売や農機具店が行う農家に対するトラクターの販売 |

「性質や形状を変えない」の意義の例
- 購入した商品に商標やネームなどを貼り付けたり，表示したりする行為
- 運送の利便のために分解されている部品等を単に組み立てて販売する場合，例えば，組立て式の家具を組み立てて販売する場合のように仕入商品を組み立てる行為
- 複数の商品をセット商品として詰め合わせる行為
- 液状などの商品を小売販売店用の容器に収容する行為
- ガラスその他の商品をほかの販売業者に販売するために裁断する行為
- まぐろを小売店へ販売するために皮をはいだり，四つ割りにする行為

### ❹ 源泉所得税

　商社等は海外取引が多く，海外渡航者も大勢いるため，これに関連する源泉所得税についても留意する必要があります。例えば，通訳として海外から渡航者を雇用するケースが考えられますが，当該渡航者の日本滞在期間が1年未満であれば，非居住者として20％の源泉徴収義務が会社にあります。一方，滞在期間が1年以上となる場合には，扶養控除申告書の提出を前提に甲欄での源泉徴収となります。ただし，渡航者が留学生の場合には租税条約により免除されるケースがありますので，この点も合わせて確認する必要があります。

　また，役員が海外で勤務するケースも多々あるかと思いますが，内国法人の役員として国外において行う勤務に対する報酬は，国内源泉所得になります（所得税法第161条1項8号イ）。このため，当該役員が海外勤務という理由で，国内非居住者であったとしても，当該役員給与は例外的なケース（所令285条1項1号，所基161-29，161-30）を除き，国内源泉所得になる点に留意が必要です。

（公認会計士　鈴木裕司）

# 第2節　不動産販売業の会計処理と税務

　本節で取り上げる「販売用不動産の会計処理」は，不動産販売業において特に留意が必要となる会計処理及び税務処理に焦点を絞ったものです。不動産業以外の事業を本業とする企業においても，従来工場用地として保有していた土地の分譲などを行うことも考えられます。

（対象となる業種）
　不動産販売業

## 1　棚卸資産としての販売用不動産

### ❶　会計上の販売用不動産

　不動産販売業以外の製造業などの企業は，一般的に，不動産を固定資産として保有しますが，不動産販売を業とする企業においては，不動産を販売することを目的として保有しますので，販売目的で保有する不動産は棚卸資産として分類され販売用不動産，仕掛不動産等の科目で表示されます。販売用不動産は開発中の販売用不動産と開発を行わない不動産及び開発が完了した販売用不動産（以下，「その他の販売用不動産」）の大きく2つに分類することができると考えられます。開発中の販売用不動産は，例えば土地を仕入れて，造成や建物の建築を行っている不動産が想定され，その他の販売用不動産は，例えば，土地や土地付き建物を仕入れてそのまま転売する場合や造成工事や建築工事が完了し完成在庫となっている不動産が想定されます。

### ❷ 法人税法上の販売用不動産

法人税法上の棚卸資産は、商品又は製品、半製品、仕掛品（半成工事を含む。）、主要原材料、補助原材料その他の棚卸資産で、有価証券及び短期売買商品（トレーディング目的で保有する棚卸資産）を除くものをいいます（法法２二十）。販売用不動産については、竣工済みのものであれば商品又は製品、造成・建築中のものであれば仕掛品に該当するものと考えられます。

## 2　販売用不動産の取得価額

### ❶ 会計上の取扱い

連続意見書第四によれば、購入棚卸資産の取得原価は、購入代価に副費（附随費用）の一部又は全部を加算することにより算定されるとされています（連続意見書第四　五.1）。販売用不動産の取得価額には、一般的に土地代金、仲介手数料、不動産取得税、移転の場合の登録免許税、造成費用、建物の建設費用、物件調達部門や企画部門の人件費などが含まれると考えられます。通常、不動産以外の棚卸資産については利子を取得価額に含めないこととなっています。これに対して、不動産開発事業については、開発に長期間を要し、膨大な資金を必要とすることから一定の条件を満たす場合には、監査上支払利子を原価算入することが監査上妥当と取り扱われることになっています（日本公認会計士協会　不動産開発事業を行う場合の支払利子の監査上の取扱いについて）。ただし、実務上は要件の判定の煩雑性や保守主義の観点から、実際に利子を原価算入しているケースはそれほど多くないと考えられます。なお、取得原価は団地別、プロジェクト別等で集計されると考えられます。

### ❷ 法人税法上の取扱い

法人税法上の棚卸資産の取得価額は、他から購入したものについては、当該資産の購入代価、及び当該資産を消費し又は販売の用に供するために直接要した費用の額の合計額とされており、会計上の取扱いと大きく異なる点はないと

考えられます。ただし，取得，保有に関連する支出であっても，不動産取得税，地価税，登録免許税等の費用及び借入金の利子については取得原価に算入しないことができるとされています（法令32，法基5－1－1，5－1－1の2）。

## 3 販売用不動産の評価

### 1 販売用不動産の評価方法
#### ❶ 会計上の評価

　会計上は，従来，棚卸資産の評価については原価法と低価法の選択適用が認められており，原価法の下で著しい価格の下落があった場合には強制評価減が行われていましたが，平成20年4月1日以降開始する事業年度から「棚卸資産の評価に関する会計基準（企業会計基準第9号）」（以下，「棚卸資産評価基準」）が全面適用されています。この基準では，通常の販売目的で保有する棚卸資産については，取得原価をもって貸借対照表価額とし，期末における正味売却価額が取得原価よりも下落している場合には収益性が低下しているものと考えて，当該正味売却価額をもって貸借対照表価額とするとされています。

　これに伴い，日本公認会計士協会　監査委員会報告第69号「販売用不動産等の強制評価減の要否の判断に関する監査上の取扱い」については，棚卸資産評価基準の下での，販売用不動産の評価に関する監査上の取扱いを示すものとして，監査・保証実務委員会報告第69号「販売用不動産の評価に関する監査上の取扱い」（以下，「監委第69号」）へと改正されました。

#### ❷ 法人税法上の棚卸資産の評価

　税務上，棚卸資産である不動産に係る評価損は，原則として，災害により著しく損傷するなど物理的な損傷により価値が下落しない限り損金算入が認められませんが，法人がその有する棚卸資産につき，所轄税務署に低価法の届出を行っている場合には，評価損の損金算入が認められます。評価方法の届け出は，法人の行う事業の種類ごとに，かつ商品又は製品，半製品，仕掛品，主要原材

料，補助原材料その他の棚卸資産（副産物及び作業くずを含む。）の区分ごとに行うことになります（法令29①）。

　法人が棚卸資産たる不動産につき何ら届け出を行っていない場合，税務上の法定評価方法は『最終仕入原価法による原価法』となります（法令31①）。低価法の届出方法は，従前から棚卸資産を保有していたかどうかで異なります。

| ① 過去に棚卸資産である不動産を保有せず，新たに不動産販売業を開始した場合 | 所轄税務署長に「棚卸資産の評価方法の届出書」を提出します。提出期限は，その事業を開始した事業年度の確定申告書の提出期限（仮決算による中間申告書を提出するときは，その中間申告書の提出期限）です。 |
|---|---|
| ② 従前から棚卸資産である不動産を保有していた場合 | 所轄税務署長に「棚卸資産の評価方法の変更承認申請書」を提出します。提出期限は，その評価方法を採用する事業年度開始の日の前日（つまり前期末）です。その現によっている評価方法を採用してから3年を経過していないときは，合併等の例外を除き，税務署長から申請を却下されるとされており（法基5－2－13），①と異なり低価法への変更が必ず認められるとは限りません。この「現によっている評価方法」には，法人が届け出を行わず法定評価方法によっている場合も含まれるため，新たに不動産販売業を開始した事業年度の確定申告書の提出期限までに①の届出書を提出しなかった場合，その後3年間は低価法の承認申請が認められないことになるので注意が必要となります。 |

## 2　切放し法と洗替え法
### ❶　会計上の取扱い

　棚卸資産評価基準においては，前期に計上した簿価切下額の戻入れ方法について，洗替え法と切放し法の選択適用が認められています。選択適用は棚卸資産の種類ごとに可能です。また，売価の下落要因を区分把握できる場合には，物理的劣化や経済的劣化，若しくは市場の需給変化の要因ごとに選択適用することができます。

## ❷ 法人税法上の取扱い

　税務上の低価法は，洗替え低価法が原則であり（法令28①二），特例として次の条件をすべて満たした場合のみ切放し低価法が認められます（法令28②）。

> ① 当初の取得価額よりも，その期末時価の方が低いこと
> ② 棚卸資産の受払簿に毎期の期末時価を記載していること

　①の条件については，切放し低価法は（時価が戻っても評価益を計上しなくてよいので）納税者にとって有利な規定であり，税務では昭和40年にようやく認められたものですので，時価が戻って当初の取得価額を超えるようなケースでは認められず，その場合は当初の取得価額まで評価益を計上しなければならないことを示すものです。そのため，会計と同様の切放し法にはなっていません。したがって，切放し法を適用した場合，上記のようなケースでは会計上の帳簿価額と税務上の帳簿価額に差異が発生することになります。②については法人が受払簿に時価を記載することにより対応可能となります。なお，切放し低価法適用のためにさらなる届け出は必要ありません。

## 3　評価に使用する「時価」
## ❶ 会計上の取扱い

　監委第69号では販売用不動産等の帳簿価額と比較すべき正味売却価額について，開発中の販売用不動産とその他の販売用不動産に分けて以下の算式により正味売却価額を算定することとしています。

> 開発事業支出金の時価
> ＝完成後販売見込額－（造成・建築工事原価今後発生見込額＋販売経費見込額）

　開発中の販売用不動産については，開発行為が進行している不動産であるため，帳簿価額には土地の取得費と期末までに発生した造成・建築工事原価が集計されているものと考えられます。これに対応する回収可能価額は完成後販売

見込額から今後発生する造成・建築工事原価と販売経費を差し引いたもので，回収可能価額が帳簿価額を下回った場合には，収益性の低下が認められるので，評価減を実施することになります。完成後販売見込額については，既に売買契約が成立していれば当該契約額，契約が成立していなければ販売公表価額又は販売予定価格などにより評価することになると考えられます。

一方，その他の販売用不動産については，以下の算式により回収可能価額を算定します。

---
販売用不動産の時価＝販売見込額－販売経費等見込額

---

その他の販売用不動産の販売見込額については，売買契約が締結されていれば契約金額になると考えられます。また，仕入れて間もない又は開発行為が完了して間もない場合で，販売公表価格等で販売できる見込みがあれば販売公表価格等によると考えられます。ただし，いつでも売却可能な状態の販売用不動産を保有している場合には，販売公表価格等で販売できる見込みが乏しいことも多いと考えられるので，その場合には以下を基礎として販売見込額を合理的に算定することとなっています。

- 「不動産鑑定評価基準」に基づいて算定した価額
- 都道府県基準値価格
- 路線化による相続税評価額
- 固定資産税評価額を基にした倍率方式による相続税評価額
- 近隣の取引事例から比準した価格
- 収益還元価額

## ❷ 法人税法上の低価法における「時価」

平成19年度税制改正により，棚卸資産の期末評価について低価法を適用する場合における棚卸資産の評価額が「当該事業年度終了の時におけるその取得のために通常要する価額（いわゆる再調達原価）」から「当該事業年度終了の時における価額」に改められました（法令28①二）。この「当該事業年度終了の時にお

ける価額」は，当該事業年度終了の時においてその棚卸資産を売却するものとした場合に通常付される価額をいい，通常，商品又は製品として売却するものとした場合の売却可能価額から見積追加製造原価（未完成品に限る。）及び見積販売直接経費を控除した正味売却価額によることとなっています（法基5－2－11）。

　よって税務上の低価法による期末時価は会計基準のものと一致するはずですが，実際の税務調査においては，その正味売却価額の算定方法の合理性を調査される可能性が高く，会計基準による評価損がすべて認められるとは限りません。この合理性を証明するものとしては，専門家による鑑定評価書が最も有効ですが，竣工済みの分譲マンションなどではチラシ等で公表している販売価格も考えられます。

## 4　販売用不動産の保有目的の変更

### ❶　会計上の取扱い

　不動産販売業を営む企業においては，不動産を販売目的で保有することもありますし，賃貸事業目的や自社利用目的で保有することもあります。そのため，例えば，販売目的で取得した不動産について自社で保有し続けて賃貸したほうが，高い収益が見込める場合には，販売用不動産を保有目的の変更により固定資産に振り替えることも考えられます。また，賃貸事業目的で保有していた不動産について，不動産市況が高騰しているため，売却したほうがよいと判断される場合には，固定資産から販売用不動産に振り替えるということも考えられます。現在は販売用不動産については「棚卸資産の評価に関する会計基準」が，固定資産については「固定資産の減損に係る会計基準」がそれぞれ導入されており，販売用不動産から固定資産へ，または固定資産から販売用不動産へ，どちらへ振替を行うにしても，「棚卸資産の評価に関する基準」又は「固定資産の減損に係る会計基準」適用後の帳簿価額で振り替えることになりますので，評価減逃れのための保有目的の変更に使われる可能性は減少しています。ただ

し，含み益のある固定資産や保守的に減損した後の固定資産を棚卸資産に振り替えた後で売却すると営業利益が増加する結果となりますので，いずれにしても保有目的の変更は合理的な理由に基づき行われなければなりません。

なお，販売用不動産等及び固定資産の保有目的の変更が，会社の財務諸表に重要な影響を与える場合には，追加情報として，その旨及びその金額を貸借対照表に注記することが必要であるとされています（監委第69号）。

## ❷ 法人税法上の取扱い

税務上，棚卸資産には低価法評価減の損金算入，固定資産（減価償却資産）には減価償却費の損金算入が認められているため，相互間の振替えにより税負担を軽減させるメリットがあります。税務上は相互間の振替えに関する制限等はありませんが，実態に即していない場合には租税回避と認定される可能性があるので，振替えにあたっては合理的な理由に基づき決議した稟議書などの書面を残す必要があると考えられます。

# 5　不動産販売の収益認識

## ❶ 会計上の取扱い

わが国においては，不動産の売却取引に関する包括的な会計基準は存在しておらず，企業会計原則に従い，実現主義により収益認識することとなっています。実現主義の下での収益認識要件としては，一般的に，「財貨の移転又は役務の完了」とそれに対する「対価の成立」が求められていると考えられています。平成16年2月13日に企業会計基準委員会より「不動産の売却に係る会計処理に関する論点の整理」が公表されていますが，会計基準とはなっていません。ただし，不動産の売却による収益認識についての考え方が示されています。また，平成21年7月9日には日本公認会計士協会から「会計制度委員会研究報告第13号　我が国の収益認識に関する研究報告（中間報告）－ＩＡＳ第18号「収益」に照らした考察－」（以下，「研究報告」）が公表されています。本研究報告では，

わが国の収益認識についてIAS18と照らした考察が行われており、不動産の売却についても触れられています。

そのほか、関係会社への売却や特別目的会社への売却といった場合の会計処理については、個別に指針が公表されています。

通常の不動産の分譲・販売であれば、①売買契約の締結・手付け金の受領、②物件引渡・残金決済、③②とほぼ同時に所有権移転登記、の順に行われると考えられますが、②の物件引渡しと残金決済のタイミングで、実現主義の「財貨の移転又は役務の完了」とそれに対する「対価の成立」が満たされるものと考えられます。したがって、不動産販売業においては、買戻条件や譲渡人からの融資といった特殊な状況がなければ、引渡しにより収益認識されるものと考えられます。

## ❷ 法人税法上の取扱い

法人税法上、棚卸資産の販売による収益の帰属の時期は引渡しが行われた日の属する事業年度が原則となっています（法基2-1-1）。また、土地・建物等の不動産の譲渡の場合には、買手の使用収益開始を基準とする引渡しの日の判定基準が例示されています。棚卸資産が土地であり、その引渡しの日がいつであるかが明らかでないときは、代金の相当部分（おおむね50％以上）を収受した日又は所有権移転登記の申請（申請必要書類の相手方への交付を含む。）の日のいずれかの早い日によることができるとされています（法基2-1-2）。

一般的な不動産の販売であれば、引渡基準によれば、会計上も税務上も収益計上が認められるものと考えられます。しかし、税務で認められる代金の相当部分（おおむね50％以上）を収受した日に売上を計上する方法については、会計上は実現主義の原則に照らして考えると、代金の相当部分を収受しただけでは「財貨の移転の完了」の要件が満たされていないため、収益を認識することは認められないとされています（研究報告10．不動産の販売注釈25）。

## 6 原 価 配 分

### ❶ 会計上の取扱い

　団地になっている分譲地を販売する場合や，マンションを販売する場合には，造成や建築工事は一体で行い，その中の区画を販売していくので，引渡済みの物件の収益と対応する原価の払出しが必要となります。不動産販売原価への原価配分は，合理的な基準により行われることになります。実務上は，面積基準又は売価基準により原価配分を行うのが一般的なようです。

### ❷ 法人税法上の取扱い

　造成団地の分譲による売上原価の額については帰属事業年度について特例が設けられています。法人が一団地の宅地を造成して，二以上の事業年度にわたって分譲する場合には，分譲が完了する前の年度と分譲が完了した年度に分けて売上原価の算定方法が示されています（法基2－2－2前段）。

> (1)　分譲が完了する事業年度の直前事業年度までの各事業年度……次の算式により計算した金額を当該事業年度の売上原価の額とする。
>
> $$\left(\begin{array}{c}\text{工事原価}\\\text{の見積額}\end{array} - \begin{array}{c}\text{当該事業年度前の}\\\text{各事業年度に損金}\\\text{の額に算入した工}\\\text{事原価の額}\end{array}\right) \times \frac{\text{当該事業年度において分譲した面積}}{\begin{array}{c}\text{分譲総予}\\\text{定面積}\end{array} - \begin{array}{c}\text{当該事業年度前の各事}\\\text{業年度に分譲した面積}\end{array}}$$
>
> (2)　分譲が完了した事業年度……全体の工事原価の額（当該法人の利用する土地にかかる工事原価の額を除く。）から当該事業年度前の各事業年度において売上原価として損金の額に算入した金額の合計額を控除した金額を当該事業年度の売上原価の額とする。

　ただし，法人が原価の額の計算について，上記と異なる方法によっている場合であっても，その方法が分譲価額に応ずる方法である等合理的であると認められるときは，継続的に適用することを条件としてこれを認めることとされて

います（法基2－2－2後段）。したがって，税務上も売価基準による原価配分が許容されるものと考えられます。

## 7　不動産販売に係る消費税

　土地の譲渡については，消費税は非課税です。一方，土地の造成工事，建物の建築工事，建物の譲渡については消費税が課税されます。例えば，更地の土地を購入して，宅地を造成し，マンションを建てて分譲する場合には，まず土地の仕入時には，消費税は課税されませんが，造成工事と建築工事には消費税が課税されます。また，物件の販売時には土地には消費税は課税されず，建物には消費税が課税されます。仕入税額控除について個別対応方式によった場合，宅地の分譲のときは，土地の造成工事に係る消費税は，非課税売上げである土地の売上に対応するものであるため仕入税額控除することができません。したがって，造成工事に係る支払消費税は売主の負担となります。ただし棚卸資産に係る控除対象外消費税であることから，損金経理を要件として法人税法上は損金に算入することができます（法令139の4）。一方，マンションの分譲のときは，土地の造成工事に係る消費税は，非課税売上げである土地の売上げと課税売上げである建物の売上げの両方に共通して係る課税仕入れとして取り扱い，課税売上割合を乗じて仕入控除税額を計算します。また，建物の建設工事に係る支払消費税については，課税売上げである建物の売上げに対応するものであるため，全額が仕入れ税額控除の対象となります。

　仕入れに係る消費税額の控除時期は原則として当該課税仕入れを行った日となっています。建設工事などにおいては，代金を数回に分けて支払うことがありますが，建設工事未成工事支出金に係る支払消費税額については，目的物の引渡しを受けた課税期間の課税仕入れとするため，工事が完了していない建設工事に係る消費税は当期に仕入税額控除できず，工事が完了する事業年度まで繰り延べることとなっています（消法30，消基11－3－5）。このように，不動産販売に関する消費税については，課税・非課税，仕入れ税額控除の可否，仕入

れ税額控除の時期などに特徴がありますので，これらの消費税の取扱いも考慮に入れて物件の収支と資金繰りを考える必要があります。

## 8　販売費用の会計処理

### ❶　会計上の取扱い

　分譲地や建売住宅，マンションの販売においては，販売活動を行うことにより，新聞の折込チラシ，看板やテレビ広告，モデルルームの設置，モデルルームの人件費などの費用が発生します。これらの販売費用のうち，物件に直接関係する費用については，2つの会計処理が考えられます。

　1つは，保守主義の観点から，販売費用を費消したからといって必ず物件が売れるとは限らないと考えて，販売費用を発生時に費用処理する考え方です。もう1つは，特に青田売りの場合に，販売費用支出の年度と収益計上の年度がずれることがあるため，収益と費用の対応の観点から，物件の引渡開始時まで販売費用を繰り延べる考え方です。なお，これらの販売費用の繰延べを前払費用等で処理し，販売用不動産に含めていない場合には，棚卸資産評価基準による正味売却価額と比較する販売用不動産の帳簿価額には，販売費用の繰延額も含めて考えるべきと考えられます。これは，同会計基準が投資額に対する収益性の低下を反映する会計処理であることから，販売用不動産だけでなく繰り延べられた販売費用についても回収可能性を検討すべきであるためです。販売用不動産の正味売却価額の算定において販売見込額から販売経費等見込額を差し引くことからも，同じことがいえるでしょう。

### ❷　法人税法上の取扱い

　法人税法上，費用の損金算入時期は債務確定主義によるため，販売費用については，債務確定時に損金算入することができます。新聞の折込チラシであれば，新聞発行日の属する事業年度の損金となります。

図表3−9　不動産販売業に関する会計と税務の概観

**取得原価**
（会計）
　購入代価に付随費用を加算＜連続意見書第四＞。一定の要件を満たす開発事業では借入利息を算入できる＜不動産開発事業を行う場合の支払利子の監査上の取扱いについて＞
（税務）
　購入代価及び直接要した費用。ただし、算入しないことができるものがある。＜法令32、法基5−1−1、5−1−1の2＞

**保有目的の変更**
（会計）
　過去は損失計上回避に利用された。固定→棚による収益計上区分に注意＜監委第69号＞
（税務）
　制限はなし。ただし、租税回避行為の認定に注意。

**販売費用**
（会計）
　支出時費用処理又は繰延処理
（税務）
　債務確定主義により、債務確定時に損金算入可能

（注）本図表は不動産販売業における会計と税務の取扱いをイメージしていただくために図表化したものであり、詳細は本文をご参照ください。

1. 販売用不動産
2. 取得価額
6. 原価配分
3. 期末評価
4. 保有目的の変更

損益計算書
不動産販売原価
7. 不動産販売費用
5. 不動産販売収益

**原価配分**
（会計）
　面積按分又は売価按分が一般的
（税務）
　税法の指定する算式による。ただし、継続適用を条件に他の合理的な方法も可＜法基2−2−2＞

**期末評価**

| | 会計 | 税務 |
|---|---|---|
| 基準 | ・棚卸資産評価会計基準<br>・監委第69号 | 低価法の届出あれば、損金算入可 |
| 戻入法 | 切放法又は洗替法（選択可） | ・原則洗替法<br>・条件満たせば切放法も可 |
| 時価 | 監委第69号による | 会計とほぼ一致。ただし、合理性が必要 |

**収益認識**
（会計）
　実現主義による。実務では引渡基準等による。「不動産の売却に係る会計処理に関する論点の整理」、「会計制度委員会研究報告第13号」など
（税務）
　引渡基準＜法基2−1−1＞
　土地で引渡日が不明の場合→代金の相当部分の収受又は登記申請の日＜法基2−1−2＞

# 9　まとめ

　米国発の経済危機発生以来、不動産販売業では、特に外資系ファンドの資金が引き上げられたことから、急速に販売が停滞し、破綻する企業も出ております。不動産販売業は、資金と企画力があれば比較的参入しやすい事業であり、好景気時には他人資本を利用し、レバレッジを効かせて急成長できる反面、景気悪化時には、販売不振と資金繰り難となるという脆さもあわせ持っています。

　棚卸資産の評価に関する会計基準も導入されたことから、今後は取扱い物件についてより厳しい採算予測と管理が必要となると考えられます。

【参考文献】
- 『不動産取引の会計・税務Q&A』新日本有限責任監査法人　中央経済社
- 『消費税法基本通達逐条解説』(平成19年版)　大蔵財務協会

(公認会計士　三橋　敏・税理士　山本恭司)

第3章 特定業種に特有な会計と税務　161

# 第3節　銀行業における金融商品の全面時価開示のための実務対応

　本節で取り上げる「金融商品の全面時価開示」は，金融業とりわけ銀行業にとって大きな課題となっている事項です。この制度では，各金融機関等の金融商品に対する取組方針，保有する金融商品の内容・内在するリスク・当該リスクに対する管理体制といった定性的情報と，保有する金融商品の時価及びリスク管理に係る定量情報（VaR等）といった定量的情報の開示が求められています。本節では，この中の定量情報としての金融商品の時価の計算・開示のための銀行業における実務上の取扱い並びにいくつかの大きな論点について説明いたします。業種を絞った説明にはなりますが，制度そのものはあらゆる業種に適用となるものですので，会社全般にも参考になる部分もあると思われます。

> **（対象となる業種）**
> 　全業種（ただし，本節では金融業とりわけ銀行業を対象にしている。）

## 1　制度の概要

　いわゆる「金融商品の全面時価開示」制度の根拠となるものは，平成20年3月10日付改正企業会計基準第10号「金融商品に関する会計基準」（以下，「改正企業会計基準第10号」）及び企業会計基準適用指針第19号「金融商品の時価等の開示に関する適用指針」（以下，「適用指針第19号」）です。国際財務報告基準等で既にルール化，運用されているものをいわゆるコンバージョンの一環としてわが国会計基準に盛り込んだものとされています。
　その骨子は，従来，有価証券あるいはデリバティブ等について適用されてい

た時価開示等のルールを，金融商品全般に広げようとすることにあります。なお，改正企業会計基準第10号の今回の改正内容の中には，従来「時価なし」とされてきた有価証券を，時価を把握することが極めて困難な有価証券と定義しなおすことにより，いわゆる負債性証券について「時価なし」の範囲を狭める旨の制度変更が含まれていますが，本節では，この点については触れていません。

改正企業会計基準第10号第40－2では，金融商品に係る次の事項について注記することを求めています。今回のテーマである金融商品の時価の計算・開示に関する部分は，このうち「(2) 金融商品等の時価等の開示に関する事項」が該当します。

> (1) 金融商品の状況に関する事項
> 　① 金融商品に対する取組方針
> 　② 金融商品の内容及びそのリスク
> 　③ 金融商品に係るリスク管理体制
> 　④ 金融商品の時価等に関する事項についての補足説明
> (2) 金融商品の時価等に関する事項
> 　なお，時価を把握することが極めて困難と認められるため，時価を注記していない金融商品については，当該金融商品の概要，貸借対照表計上額及びその理由を注記する旨が規定されている。

「適用指針第19号（参考）開示例　金融業」（以下，「開示例」）で示されている金融業の時価開示のイメージは図表３－10のとおりです。

図表3-10 「適用指針(参考)開示例 金融業」から一部抜粋

(単位:百万円)

|  | 連結貸借対照表計上額 | 時 価 | 差 額 |
|---|---|---|---|
| (1) 現金及び預金 | ××× | ××× | ××× |
| (2) 営業貸付金 | ××× | | |
| 　　貸倒引当金(*1) | △××× | | |
| | ××× | ××× | ××× |
| (3) 有価証券及び投資有価証券 | | | |
| 　① 売買目的有価証券 | ××× | ××× | ― |
| 　② 満期保有目的の債券 | ××× | ××× | ××× |
| 　③ その他有価証券 | ××× | ××× | ― |
| (4) 破産更生債権等 | ××× | ××× | ××× |
| 資産計 | ××× | ××× | ××× |
| (1) 短期借入金 | ××× | ××× | ― |
| (2) コマーシャル・ペーパー | ××× | ××× | ― |
| (3) 銀行業における預金 | ××× | ××× | ××× |
| (4) 社債 | ××× | ××× | ××× |
| (5) 長期借入金 | ××× | ××× | ××× |
| 負債計 | ××× | ××× | ××× |
| デリバティブ取引(*2) | | | |
| 　① ヘッジ会計が適用されていないもの | (×××) | (×××) | ― |
| 　② ヘッジ会計が適用されているもの | ××× | ××× | ― |
| デリバティブ取引計 | ××× | ××× | ― |

(*1) 営業貸付金に対応する一般貸倒引当金及び個別貸倒引当金を控除している。
(*2) デリバティブ取引によって生じた正味の債権・債務は純額で表示しており,合計で正味の債務となる項目については,(　)で表示している。

## 2 時価とは

　日本公認会計士協会　会計制度委員会報告第14号「金融商品会計に関する実務指針」（以下，「会制第14号」）では，「「時価」とは，公正な評価額であり，取引を実行するために必要な知識をもつ自発的な独立第三者の当事者が取引を行うと想定した場合の取引価額である。」（会制第14号第47項）としています。さらに，「金融資産に付すべき時価には，当該金融資産が市場で取引され，そこで成立している価格がある場合の「市場価格に基づく価額」と，当該金融資産に市場価格がない場合の「合理的に算定された価額」とがある。」（会制第14号第47項）とされています。

　今回，銀行が有する金融商品の大きな部分を占める貸出金等は，わが国においては，「市場価格に基づく価額」が存在しないため，「合理的に算定された価額」を経営者が算定せざるを得ません。「合理的に算定された価額」とは，以下のような方法で算定される必要があります（会制第14号第54項）。

(1) 取引所等から公表されている類似の金融資産の市場価格に，利子率，満期日，信用リスク及びその他の変動要因を調整する方法
(2) 対象金融資産から発生する将来キャッシュ・フローを割り引いて現在価値を算定する方法
(3) 一般に広く普及している理論値モデル又はプライシング・モデル（例えば，ブラック・ショールズ・モデル，二項モデル等のオプション価格モデル）を使用する方法

　銀行業における貸出金等の大部分の金融商品は，このうち(2)の割引現在価値法で計算されることになります。なお，時価をめぐっては，平成21年8月7日企業会計基準委員会「公正価値測定及びその開示に関する論点整理」において，公正価値測定に関するコンバージョンの観点から検討が行われています。今後の検討の方向性によっては，今回の時価算定にも影響がありえることを申し添えておきたいと思います。

## 3　金融商品の時価開示に関する実務フロー

　改正企業会計基準第10号第40－2項により注記が求められる項目のうち，「(2)　金融商品の時価等に関する事項」の中で開示を求められる金融商品の時価の計算にかかる銀行等金融機関における実務フローは概ね**図表3－11**のとおりに要約できます。以下ではこのフローにそって，実務的な取扱い，背景及び論点について説明します。

図表3－11　銀行等金融機関における金融商品の時価開示に関する実務フロー

金融商品の時価評価 → 時価開示項目の決定（重要性の基準）→ 具体的な重要性の判断基準値の設定（総資産基準・純資産基準等）→ 簡便法（時価＝簿価）適用範囲の決定 →（1）短期・（2）変動金利・（3）満期無し → 評価技法の決定 → データの整備状況確認 → グルーピング → システム上の制約を確認 → 時価の計算

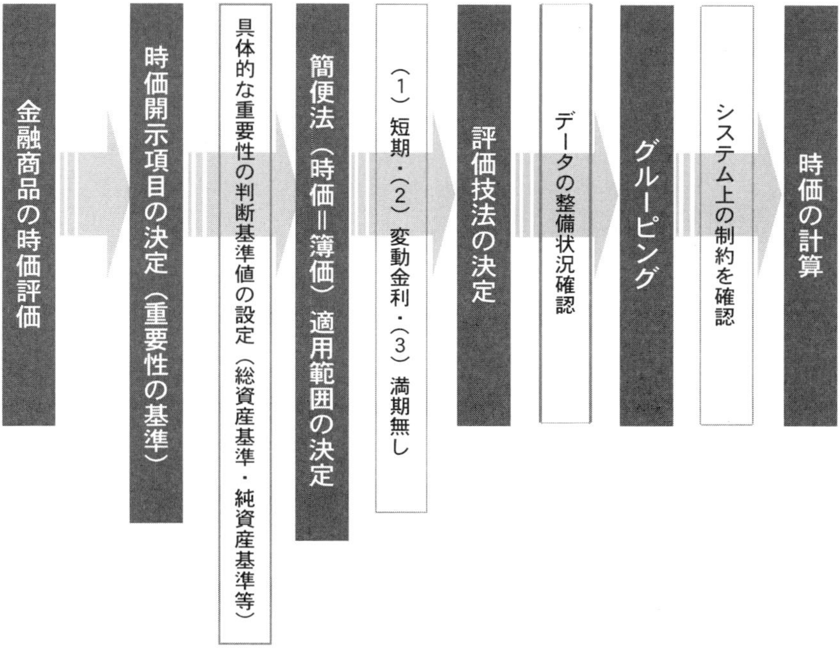

## 4　時価開示項目の決定

　適用指針第19号第4項では，重要性が乏しいものの注記を省略できるとしています。ここでいう重要性は求められる注記項目全般に関するものではありますが，当該時価開示の対象範囲選定についても適用することができると考えられています。時価の開示は貸借対照表の科目ごとになりますから，科目単位で当該範囲判定がなされることが想定されます。その場合の重要性基準としては，総資産基準，純資産基準等が持ち出されることが多くあります。例えば，総資産基準であれば，各科目の総資産対比の構成比等をメルクマールにするというようなイメージになります。もちろん，一定の数量基準を定めたとしても，形式的な判断のみならず，実質的な影響額を考慮することも必要になろうかと思います。

## 5　簡便法の適用範囲の決定

　時価開示項目が決定したならば，次に簿価と時価が近似していることをもって，簿価をもって時価とみなす対象（図表3-10に照らせば，差額ゼロの対象）を選定することになります。実際，開示例では，このような簡便的な取扱いの対象として，①短期間で決済されるもの（短期），②短期間で市場金利を反映する変動金利のもの（変動金利），③満期のないもの（満期なし）について，事例が記載されています。ここでは，貸出金・預金等の時価算定に関する評価技法として一般的なものとなる割引現在価値法に関する理解を深めるとともに，簡便的な取扱い例である①，②，③について，簿価と時価が近似する理由と具体的な取扱いについて触れてみたいと思います。

(1)　割引現在価値法による計算

　まず，この簡便法を理解するには，割引現在価値法についての理解が不可欠です。割引現在価値法とは，対象金融資産から発生する将来キャッシュ・フ

ローを見積もり，適切な市場利子率で割り引いて現在価値を算定する方法です（図表3－12）。

割引現在価値法には，大きく2つに分類することができます（会制第14号）。

(A)　キャッシュ・フローに信用リスク等を反映する方法
(B)　割引率に信用リスク等を反映する方法

(A)法ですべてのリスクをキャッシュ・フローすなわち分子に反映したならば，分母は（1＋リスク・フリーレート）となります。また，(B)法でリスクをすべて分母の割引率に反映したならば，割引率すなわち分母はリスク・フリーレート＋リスク・プレミアムとなり，分子のキャッシュ・フローは，契約上（ノミナル）のものをそのまま使用することになります。この(A)(B)2つの方法は独立してのみ存在するものではなく，一部のリスクはキャッシュ・フローに，一部のリスクは割引率に反映するということもありえます。例えば，中途解約リスク等はキャッシュ・フローで，信用リスクについては割引率で反映する場合などがあります。

また，開示例では，対象債権と同様の貸出を新規に実行した場合あるいは対象債務と同様の預金を新規に受け入れた場合に想定される利率で割り引いて時価を算定する方法(C)が記載されています。これは(B)法の分母部分のリスク・フ

図表3－12　割引現在価値法

(A)キャッシュ・フローに信用リスク，プリペイメント・リスクを反映させる方法

〔注〕割引率はリスク・フリー

$$P_0 = \sum_{t=1}^{T} \frac{Cash\ Flow_t}{(1+Risk\ Free_t+Risk\ Premium_t)^t}$$

〔注〕ＣＦは約定ＣＦ

(C)割引率に評価日の新規貸出（預金）レートを用いる方法

〔注〕ＣＦは約定ＣＦ

(B)割引率に信用リスク，プリペイメント・リスクを反映させる方法

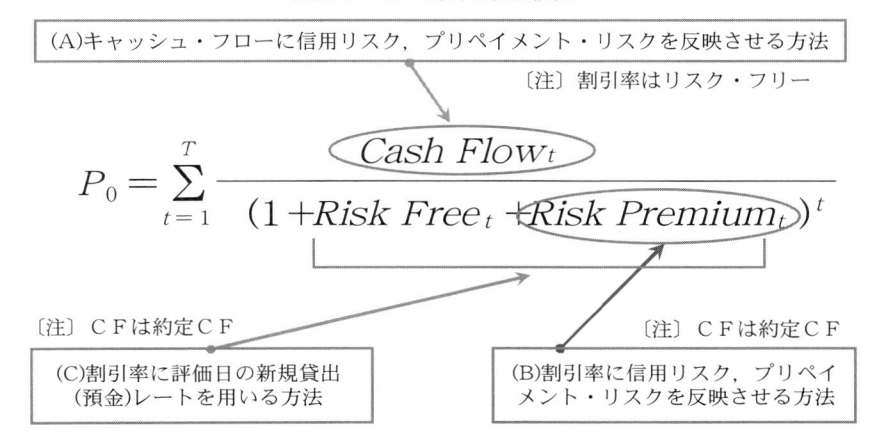

リーレート＋リスク・プレミアムの部分を新規貸出レートなり預入レートに置き換えたものと整理することができます。もし，実際の貸出レートがリスク・フリーレート＋リスク・プレミアムと一致していれば，(B)法であっても(C)法であっても結果は同じになるわけですが，実際には，(B)法と(C)法とは一致しないことが通常です。このような差が発生する原因の1つは，銀行の貸出の大部分が市場金利（ここではリスク・フリーレートと同義）を基礎にスプレッドを乗せて決定されるわけではなく，多くはプライムレートといわれる対顧客用に設定したレートを基礎にしていることにあります。また，実際の貸出実行金利は，信用リスクのみならず個別の営業政策にも左右されることも多く，その金利決定メカニズムは単純ではありません。いずれにしろ，(B)法と(C)法それぞれで計算された割引率が一致しないことが現実であるわけです。結果として，割引率が相違すれば，同じキャッシュ・フローを前提としても，評価額は相違することになります。

(2) 簿価と時価が近似する場合

① 短期間で決済されるもの（図表3-13参照）

　期間を定義する考え方には大きく2つあります。1つは，契約期間と考える方法です。これは，契約期間が短ければ，金融商品の当初認識時点から短期で決済されるため，金利及び債務者の信用状態に大きな変化が生じている可能性は低いと考え，結果として，当初認識時点の取得価額と時価が近似しているという考え方です。割引現在価値法でいえば，分母のリスク・フリーレートもリスク・プレミアム（ここでは信用リスク・プレミアム）も当初認識時点より大きく変化していないため，左辺の現在価値（$P_0$）に重要な変化がないと考えるわけです。

　もう1つは，残存期間と考える方法です。残存期間とは，時価計算の基準日（決算日）から金融商品の決済予定日までの期間を指しています。他のパラメータに変動がなければ，この期間が短ければ短いほど，割引現在価値法の計算上，償還予定額と時価の近似は強くなります。もちろん，当初認識時点から決算日までに相当の時間が経過している場合には，金利の変動あるい

は，債務者の信用状態に大きな変化が生じている可能性が高く，簿価と時価がかい離している可能性がありますので，十分に留意することが必要です。

とりわけ，契約期間＞残存期間という関係が常に成立しているため，例えば，同じ期間例えば3か月を短期と看做すといっても，契約期間をもって期間をとらえる方法よりも残存期間でとらえる方が，該当範囲すなわち簿価をもって時価と見なす対象が広くなります。このため，残存期間をもって長期・短期を判定する期間とする考え方の方が時価計算の対象が狭くなり，実務対応は相対的に簡便になる可能性があります。しかし，先述のように当初認識時点からの金利，信用リスク等の変化が著しい場合もありえるため，簿価と時価の近似の検証は慎重に行う必要があるということになります。

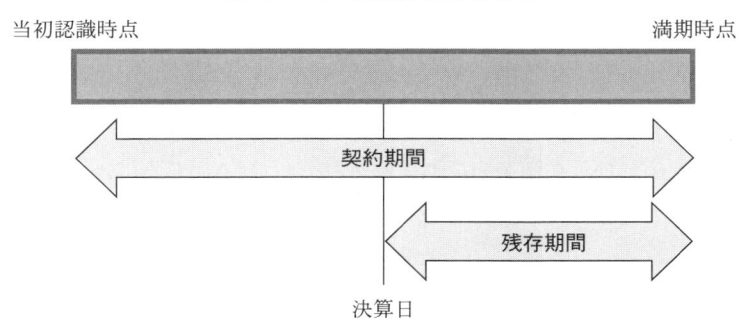

図表3－13　契約期間と残存機関

当初認識時点　　　　　　　　　　　　　　　　　満期時点

契約期間

残存期間

決算日

次に，具体的な期間設定が論点になります。実務上3か月，6か月，1年という3つのパターンが想定されています。期間設定を短くすれば，時価計算の対象が広くなるわけですから，実務上は期間設定を長くしたいというニーズが出てきます。しかし，本来，一律にどの期間であればいいと決められるものではなく，あくまで，簿価と時価が近似しているのかどうかで判定されるべきものと考えられます。同じ期間であっても，その時々の市場環境等によって，簿価と時価の近似の度合いは大きく相違することが想定されます。逆を言えば，1年は長期に見えますが，一律に否定されるべきものでも

ないということになります。もちろん、この期間設定を安定的に運用したいと考えるならば、できる限り短い期間での運用が無難でしょう。また、前述の期間設定を契約期間とするのか、残存期間とするのかによっても、その運用の仕方は変わってくることにも留意が必要です。

② 短期間で市場金利を反映する変動金利のもの

次に、変動金利商品の時価評価の直観的な理解のために、簡単な事例で説明してみましょう。ここでは、期間3年、元本一括償還、利払間隔1年という仮想の貸出債権の時価を割引現在価値法により計算するとします。また、事例を簡単にするため、割引現在価値法の割引率すなわち分母はリスク・フリーレート（市場金利）のみとし、リスク・プレミアムはないものとします（図表3-14）。$R_1$は当初貸出実行時の1年物の市場金利、$R_2$は現在想定される1年後の1年物の市場金利、$R_3$は$R_2$同様に現在想定される2年後の1年物の市場金利です。この例において、3年後の元本の現在価値は近似的に（$1-R_1\triangle-R_2\triangle-R_3\triangle$）となります。つまり、元本部分の現在価値は（$R_1\triangle+R_2\triangle+R_3\triangle$）分、当初実行金額より減少するわけです。また、クーポン部分の現在価値の近似値はそれぞれ$C_1\triangle$、$C_2\triangle$、$C_3\triangle$となります。したがって、当該債権の現在価値の近似値は、$1-(R_1\triangle+R_2\triangle+R_3\triangle)+(C_1\triangle+C_2\triangle+C_3\triangle)$となります。しかし、当該貸出についているクーポンすなわち$C_1$、$C_2$、$C_3$が$R_1$、$R_2$、$R_3$と同値又は近似値であれば、元本部分を現在価値に置き換えた場合の（$R_1\triangle+R_2\triangle+R_3\triangle$）の穴は同値で補てんされ、当該貸出金の時価はパーすなわち簿価と時価が近似しているということとなります。クーポン・レートであるCと市場利子率Rが同値であるということを換言すれば、当該貸出金の変動金利が市場金利を短期間で反映するということになります。以上の議論は、Rが市場利子率のみではなく、（市場利子率＋各種リスク・プレミアム）を表す場合にもそのまま当てはまります。

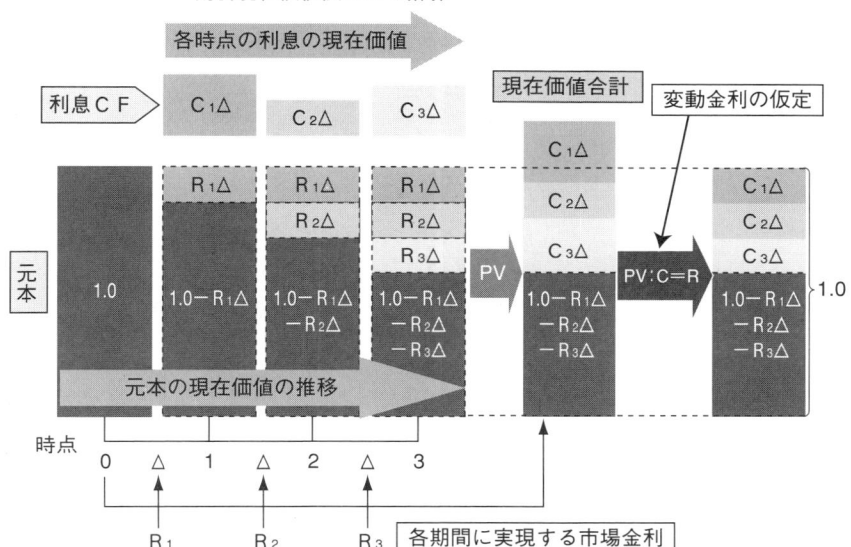

図表3－14　期間3年，元本一括償還，利払間隔1年の貸出金の時価を割引現在価値法により計算

【注1】　各現在価値は近似値を示しており，正確な値を示しているわけではありません。

【注2】　Cはクーポン・レートを，Rは市場金利を示す。PVはPresent Valueを示す。

開示例では，「変動金利によるものは，短期間で市場金利を反映するため，貸付先の信用状態が大きく異なっていない限り，時価は帳簿価額と近似していることから当該帳簿価額によっている。」という記載があります。ここで，信用状態の大きな変化とは何を指すのかが問題になります。

割引現在価値法で計算するにあたっては，何らかの形で当該貸出金にかかる信用リスクを反映する必要があります。まず，考慮する必要があるのは，信用リスクにかかるグルーピングの方法です。計算は一定のグルーピング単位で行われるからです。このグルーピングを越えて信用リスクに変化があれば，時価には何らかの影響があることになります。例えば，いわゆる内部格付ベースでグルーピングを実施している場合には，内部格付を越えて変化が

あれば，時価は変化するはずです。一方で，債務者区分でグルーピングしている場合には，仮に内部格付けに変化があっても同一債務者区分にとどまる限り時価に変化はありません。いずれにしても，債務者区分あるいは内部格付の変化という点をもって信用状態の大きな変化をとらえる場合には，個別債務者の信用状態を前評価日と現評価日の間の信用状態の比較というフローベースで管理する必要に迫られます。その場合，計算実施にあたって必要な情報データの容量，計算の手間も増えることになります。この点，時価計算の基準日（決算日）現在定点の内部格付なり債務者区分（例　破綻懸念先以下）をもって，信用状態に大きな変化があったものと定義する場合には，フローベースの信用状態把握が不要なために，計算は簡便になります。問題は，あるべき時価に対してどの程度の差違が発生しえるのかで判断すべきものと考えます。重要な影響が想定されるのであれば，手間がかかってもフローベースでの把握をすべきか否かを判断することになろうかと思います。

③　満期のないもの

開示例では，「要求払預金については，連結決算日に要求された場合の支払額（帳簿価額）を時価とみなしている。」という記載があります。要求払預金は，海外における事例においても簿価を時価とみなしている例が多いようです。実際，要求払預金は払戻請求があった際には，帳簿価額をもって払い戻す必要があるので，払い戻すべき金額すなわち帳簿価額をもって時価とすることが実務感覚に合うものと考えられます。

また，総合口座の当座貸越等についても，貸越額は担保資産の範囲内にあるなど，信用リスクがないこと等から簿価と時価が近似している対象とする事例も多くなると想定されます。

(3)　簿価・時価近似判定にあたっての基準

簿価をもって時価と見なすことができる対象を選定する基準として，①短期，②変動金利，③満期無し等のルールがあることは既述のとおりですが，その取扱いのルール化，運用にあたっては，簿価と時価の近似度に関する一定程度の心証ないし検証が前提になると考えられます。開示例が実務への配慮を意図し

第3章　特定業種に特有な会計と税務　173

て，簡便的な取扱いを是認していたとしても，実際に近似しているのかどうかについての配慮をまったく無視した取扱いも想定しにくいものです。そこで，近似の数量的な判定の基準を何に置くのかが気になります。これに対する明確な回答はありませんが，問題は当該注記情報を財務諸表の読者がどのように利用するのかを基礎に考えるべきではないかと思われます。あくまで，私見ではありますが，当該注記の簿価・時価差額をもって純資産を修正計算し，株価との関係を議論する投資家，あるいは，期首・期末の簿価・時価差額の数値開示がなされた後に包括利益への修正を試みる投資家等が想定しえます。そのような投資家を意識したならば，純資産への影響あるいは包括利益への影響をベースに考慮する方法も一考の対象となると思われます。

## 6　評価技法の決定

　今回の時価計算において多用される割引現在価値法ですが，割引率を中心とした各種の計算要素は恣意性を排除した合理的なものである必要があり，また，毎期同様の方法で計算される必要があります。通常計算に必要な主な計算要素は，リスク・フリーレート，信用リスク（倒産確率（PD），ロス率（LGD）等），繰上償還リスク等が想定されます。貸出金一般の評価では，信用リスク・プレミアムの計算が重要な計算要素になるでしょうし，住宅ローン債権では，繰上償還リスクの影響は無視できないものになっている可能性が高いでしょう。預金では，自社・自行の信用リスクをどのように反映させるのか，あるいは，預金の繰上償還リスク等をどのように織り込むのかも大きな検討対象になり得ます。

　また，©法のように新規実行金利あるいは新規預入金利で割引計算をするといっても，同種の貸出がない場合や，預金についてはキャンペーン金利での営業を継続的に行っている場合等，何をもってそれとするのかは一様に決まるものでもありません。この辺りの実務対応の方法は種々，想定されるところであり，恣意性を排除した方法で継続して計算を実施するために各種計算要素の決

定にあたっては慎重な検討が必要になります。

## 7　グルーピング

　貸出金・預金の時価計算は，個別の貸出金・預金の時価を割引現在価値法によって個別に算定・集計して行われますが，当該計算が合理的に行えるのであれば，一定のグルーピングに基づく時価計算も許容されるものと考えられています。開示例では，貸出金について，貸出金の種類，内部格付，期間等のグルーピングが記載されていますが，グルーピングの方法は一律に決めるものではなく，各金融機関が自社・自行にあったグルーピングの方法，細分化の程度を決定するべきものと考えられます。図表3－15は種類別，格付け別，残存期間別にグルーピングした場合の展開テーブルの例です。

図表3－15　貸出金時価計算のための計算テーブル例
貸出金　種類別・格付け別・残存期間別キャッシュ・フロー展開テーブルの例

| 種別：法人向け貸出金 | | | CF間隔(月)　=　3 | | | | (単位：億円) | |
|---|---|---|---|---|---|---|---|---|
| 格付け | 残存期間(年) | 信用Spread (%表示) | CF発生日（例：各月末に集約） | | | | | |
| | | | 2009 6/30 | 2009 9/30 | 2009 12/31 | 2010 3/31 | … | 2030 6/30 |
| 格付1 | T1 | X(格付1, T1) | 10.0 | 10.0 | 10.0 | 0.0 | … | 0.0 |
| | T2 | X(格付1, T2) | 5.0 | 20.0 | 10.0 | 5.0 | … | 0.0 |
| | T3 | X(格付1, T3) | 12.0 | 14.0 | 16.0 | 18.0 | … | 5.0 |
| 格付2 | T1 | X(格付2, T1) | 13.0 | 20.0 | 30.0 | 0.0 | … | 0.0 |
| | T2 | X(格付2, T2) | 8.0 | 10.0 | 12.0 | 13.0 | … | 0.0 |
| | T3 | X(格付2, T3) | 10.0 | 10.0 | 10.0 | 10.0 | … | 3.0 |
| 格付3 | T1 | X(格付3, T1) | 4.0 | 6.0 | 8.0 | 0.0 | … | 0.0 |
| | T2 | X(格付3, T2) | 10.0 | 10.0 | 10.0 | 10.0 | … | 0.0 |
| | T3 | X(格付3, T3) | 20.0 | 10.0 | 5.0 | 15.0 | … | 1.5 |

（評価日は2009／3／31）

## 8　時価評価にあたっての課題

　評価技法ないし各種計算要素の決定にあたっては慎重な検討が必要になる旨を述べましたが，実務上，一番の論点になるのが，割引率の設定ないしベースの問題です。前述の5(1)の割引現在価値法の説明の中で，(B)法と(C)法では，割引率が相違することが一般的であり，時価評価額も相違すると述べました。

　先述したとおり，開示例では変動金利商品を簿価と時価が近似する例として掲げていますが，ここの事例は基本的には(C)法での割引現在価値法を前提にしていると想定されます（図表3－16のパターン2）。当該前提がなければ，変動金利商品であっても参照金利と割引率は異なることもあるわけですから，簿価と時価は近似しない場合も想定されます。

　問題は，固定金利商品の評価にあたって使用する割引率との平仄です。図表3－16のパターン2の固定金利商品のところを参照していただきたいのですが，この場合，変動金利商品のものと平仄を一致させようとすれば，(C)法の割引率すなわち新規貸出レートの使用を優先する必要が出てくるでしょう。これを無視して，貸出金の時価評価額の開示が固定金利商品については(B)法，変動金利商品について(C)法の併用（パターン3）の合計値で行われるのであれば，時価を計算する際の基準となる尺度が商品ごとに異なることになり，適当ではない場合も想定されます。

　時価計算の尺度の整合性を意識して時価計算を行おうとすれば，図表3－16のパターン1ないし2での計算を実施する必要があるわけですが，仮に，変動金利の貸出金について，簡便的な取扱いを意図して無条件に時価評価を省略しようとすれば，固定金利の貸出金についても新規実行レートしか使用できなくなってしまいます。逆に，固定金利の貸出金について，(B)法で計算をしようとすれば，変動金利の貸出金について計算の省略ができず，(B)法での計算を実施することになります。もちろん，(B)法と(C)法の割引率が近似していれば，パターン3の採用に何ら問題ないことはいうまでもありませんが，実務的な対応

図表3−16 貸出金の評価方法の変動金利・固定金利パターン別分類

| パターン | 固定金利商品の評価方法 | 変動金利商品の評価方法 | コメント |
|---|---|---|---|
| 1（市場金利ベース）A／B法 | 債務者格付区分のPD，保全率（又は1−LGD）から信用リスク・プレミアムを計算し，市場レート（JGB，LIBOR，SWAP等）から計算したイールドに加えたものを，割引率としてDCF法を適用。又は，上記PD・保全率より契約上のCFをリスク調整して，市場金利を割引率としてDCF法を適用。 | 金利満期後のCFについても，資金満期日まで見積もりCFを展開して，固定金利商品と同様の割引率でDCF法を適用する。または，左記PD・保全率を用いてリスク調整した見積もりCFを市場金利で割り引く。 | 変動金利商品の「時価＝簿価」評価とは整合しない。 |
| 2（実行金利ベース）C法 | 契約上のCFを，評価日において適用が予定される新規実行レートで割り引く（新規実行レートは通常，債務者格付別・残存期間別のグループ毎に集計（平均値・中央値）する）。 | 時価＝簿価 | 変動金利商品の「時価＝簿価」評価とは整合する。 |
| 3（1と2の折衷） | 1の固定金利商品の評価方法と同じ。 | 時価＝簿価 | 異なる尺度（固定：市場金利ベース，変動：新規実行ベース）が混在している。 |

\* 上記におけるDCF法は割引現在価値法を意味している。

には課題も多いかと思われます。

　なお，この割引計算のベース金利を何とするのかの検討は，平成21年8月7日企業会計基準委員会「公正価値測定及びその開示に関する論点整理」において現在行われている議論の中の［論点1］公正価値の概念とも関係を有するものであり，出口価格の議論の行方を見守る必要があります。また，本時価開示と同時に適用となっているリスク管理に関する定量情報が基礎とされるべき時価との整合性も要検討事項であろうと思われます。

## 9　ま　と　め

　本節では，全面時価開示にかかる実務フローに絡めて代表的な論点を記述しましたが，これ以外にも，時価計算の中で推定される信用リスクと会計上の貸倒引当金の関係，繰上償還率の推定方法等多数の論点が存在しています。そのような中，少なくても適用初年度においては，時価評価にあたって必要な各種の計算要素等の設定については，個別金融機関によるばらつきが生じえる可能性もあり，その比較可能性には限界も予想されます。今後，わが国における公正価値に関する議論の深度が深まるにつれ，実務も成熟してくることが期待されるところではあります。財務諸表の読者が今回の開示により得られる情報をどのように使い，マーケットへの影響がどのようなものになるかは未知数でありますが，今一度，この制度が財務諸表の読者に何を目的に何を伝えようとしているのか，原点に立ち返って整理してみることが必要なのかもしれません。

（公認会計士　南波秀哉・公認会計士　安達哲也）

# 第4節　長期請負工事契約に係る会計処理と税務

　本節で取り上げる「長期請負工事契約に係る会計処理と税務」については，主として建設業，ソフトウェア業について問題になります。

　これまでわが国では，長期請負工事に関する収益の計上については，工事進行基準又は工事完成基準のいずれかを選択適用することができるとされてきました（企業会計原則　注解7）。このため，同じような請負工事契約であっても，企業の選択により異なる収益等の認識基準が適用される結果，財務諸表間の比較可能性が損なわれる場合があるとの指摘がなされていました。こうした指摘を踏まえ，長期請負契約に関する会計処理の取扱いを示した企業会計基準第15号「工事契約に関する会計基準」（以下，「工事契約会計基準」）及び企業会計基準適用指針第18号「工事契約に関する会計基準の適用指針」（以下，「工事契約適用指針」）において，工事契約ごとに会社が適用すべき認識基準を明らかにしました。

　本会計基準は，平成21年4月1日以降開始する事業年度から適用されています。また原則として，本会計基準は本会計基準を適用する最初の事業年度以降に着手する工事契約から適用します。ここで工事契約の着手とは，当該工事契約に係る工事原価の発生が開始することをいいます。本節においては，本会計基準の適用にあたっての会計上及び税務上の留意事項を解説します。

> **（対象となる業種）**
>
> 　建設業，機械製造業，プラント業，ソフトウェア業等が対象となります。基本的な仕様や作業内容を顧客の指図に基づいて契約を締結される業種に適用されます。

# 1 長期請負工事契約に係る会計処理の取扱い

## ❶ 「工事契約」の適用範囲

　会計基準でいう「工事契約」とは，仕事の完成に対して対価が支払われる請負契約のうち，土木，建築，造船や一定の機械装置の製造等，基本的な仕様や作業内容を顧客の指図に基づいて行うものをいいます（工事契約会計基準第4項）。

　受注制作のソフトウェアの制作費は，「研究開発費等に係る会計基準」四1において請負工事の会計処理に準じて処理されると規定されていることから，工事契約に準じて本会計基準を適用することとされています（工事契約会計基準第32項）。また，業種，工期の長短に係わりなく本会計基準で定められた工事進行基準の適用要件が満たされた契約について，工事進行基準が適用されます（工事契約会計基準第52項）。

## ❷ 工事進行基準の適用の要件

　本会計基準が適用される工事契約については，工事の進行途上においても，その進捗部分について成果の確実性が認められる場合には工事進行基準を適用し，この要件を満たさない場合には工事完成基準を適用します。工事進行基準の適用にあたっては，損益計算の基礎となる収益，原価，進捗率の算定にあたって見積りの要素が多く含まれるため，適切な原価管理を実施できる内部管理体制の構築，運用が求められます。

　工事契約に関して成果の確実性が認められるためには，工事収益総額，工事原価総額，決算日における工事進捗度の各要素について，信頼性をもって見積もることができなければなりません（工事契約会計基準第9項）。

### 1　工事収益総額の信頼性

　信頼性をもって工事収益総額を見積もるためには，その前提として，最終的にその工事が完成することについての確実性が求められます。そのためには，施工者には当該工事を完成させるに足りる十分な能力が求められ，完成を妨げ

る環境要因が存在しないことが必要とされています。

　また，工事契約において当該工事についての対価の定めがあることも，工事収益総額の信頼性を確保するために必要です（工事契約会計基準第11項）。ここで「対価の定め」とは，当事者間で実質的に合意された対価の額に関する定め，対価の決済条件及び決済方法に関する定めをいいます。

## 2　工事原価総額の信頼性

　工事原価総額は，工事契約に着手した後も様々な状況の変化により変動することが多いという特徴を有します。このため，信頼性をもって工事原価総額の見積りを行うためには，こうした見積りが工事の各段階における工事原価の見積りの詳細な積上げとして構成されている等，実際の原価発生と対比して適切に見積りの見直しができる状態となっていることが必要です。また，工事原価の事前の見積りと実績を対比することによって，適時・適切に工事原価総額の見積りの見直しが行われる必要があります。この条件を満たすためには，当該工事契約に関する実行予算や工事原価等に関する管理体制の整備が不可欠です（工事契約会計基準第12項，第50項）。

## 3　決算日における工事進捗度の信頼性

　決算日における工事進捗度を見積もる方法として原価比例法を採用する場合には，工事原価総額の信頼性をもった見積りができれば，通常，決算日における工事進捗度も信頼性をもって見積もることができると考えられます（工事契約会計基準第13項）。ここで原価比例法とは，決算日における工事進捗度を見積もる方法のうち，決算日までに実施した工事に関して発生した工事原価が工事原価総額に占める割合をもって決算日における進捗度とする方法をいいます。決算日における工事進捗度の合理的な見積方法として，原価比例法が広く適用されていますが，工事契約の内容によっては，工事進捗度をより合理的に反映する方法として原価比例法以外の基準（直接作業時間，施工面積等）が適用される場合もあります（工事契約会計基準第56項，第57項）。

## ❸ 会計処理

### 1 基本的な会計処理

　工事進行基準を適用する場合には，工事収益総額，工事原価総額及び決算日における工事進捗度を合理的に見積もり，これに応じて当期の工事収益及び工事原価を損益計算書に計上します。工事進行基準を適用する場合，発生した工事原価のうち，未だ損益計算書に計上されていない部分は「未成工事支出金」等の適切な科目をもって貸借対照表に計上します（工事契約会計基準第14項）。

### 2 成果の確実性の事後的な獲得及び喪失

　工事進行基準の適用要件を満たさないことにより，工事完成基準を適用している工事契約について，その後，単に工事の進捗に伴って完成が近づいたために成果の確実性が相対的に増したことのみをもって，工事進行基準に変更することは原則として認められません（工事契約会計基準第55項）。このようなことを認めれば収益認識の恣意的な操作のおそれがあり，適切でないと考えられるためです。

　しかし，工事契約について，工事進行基準の適用要件である工事収益総額等，工事契約の基本的な内容が定まらないこと等の事象の存在により工事進行基準の適用要件を満たさないと判断された場合で，その後に当該事象の変化により工事進行基準の適用要件を満たすこととなったときには，その時点より工事進行基準を適用することになります（工事契約適用指針第3項）。

　また，逆に，当初は工事進行基準を適用していたものの，事後的な事情の変化により成果の確実性が失われることがあります。この場合は，工事進行基準の適用要件を満たさなくなるため，それ以降は工事完成基準を適用して工事収益及び工事原価を計上することになります。この認識基準の変更は，事後的な事情の変化による会計事実の変化であると考え，原則として過去の会計処理に影響を及ぼさず，それまでの工事進行基準による処理を事後的に修正する必要はないものとされています（工事契約適用指針第4項）。

### 3 見積りの変更

　工事進行基準が適用される場合において，工事収益総額，工事原価総額又は

決算日における工事進捗度の見積りが変更されたときには、その見積りの変更が行われた期に影響額を損益として処理します（工事契約会計基準第16項）。

4　工事進行基準の適用により計上される未収入額

工事進行基準を適用した結果、工事の進行途上において計上される未収入額については、金銭債権として取り扱います（工事契約会計基準第17項）。工事進行基準は、法的には対価に対する請求権を未だ獲得していない状態であっても、会計上はこれと同視し得る程度に成果の確実性が高まった場合にこれを収益として認識し、この場合の未収入額は、会計上は法的債権に準ずるものと考えることができます。この結果、例えば工事契約に関する入金があった場合には、計上されている未収入額から入金相当額を減額することになります。また、当該未収入額について、回収可能性に疑義がある場合には、貸倒引当金の計上が必要となります（工事契約会計基準第59項）（企業会計基準第10号「金融商品に関する会計基準」第14項）。

## ❹　工事契約から損失が見込まれる場合の取扱い

1　工事損失引当金の計上

工事契約について、工事原価総額等（工事原価総額のほか、販売直接経費がある場合にはその見積額を含めた額）が工事収益総額を超過する可能性が高く、かつ、その金額を合理的に見積もることができる場合には、その超過すると見込まれる額（以下、「工事損失」）のうち、当該工事契約に関して既に計上された損益の額を控除した残額を、工事損失が見込まれた期の損失として処理し、工事損失引当金を計上します（工事契約会計基準第19項）。企業会計原則注解18で将来の特定の損失について引当金の計上を求めており、引当金計上の要件を満たせば引当金を計上する会計処理が必要となります（工事契約会計基準第63項）。

2　計上の対象となる工事契約に係る認識基準

工事契約から損失が見込まれる場合に工事損失引当金を計上する取扱いは、工事契約に係る認識基準が工事進行基準であるか工事完成基準であるかにかかわらず、また、工事の進捗の程度にかかわらず適用されます（工事契約会計基準

第20項)。なお，工事進行基準を適用するための要件と，工事損失について工事損失引当金を計上するための要件とは異なっています。工事損失引当金の会計処理は，引当金の要件を満たす限りにおいて，当該工事契約について適用されている工事契約に係る認識基準を問わず適用される点に留意する必要があります（工事契約会計基準第68項）。

### 3　工事損失引当金の計上を検討する時期

工事損失引当金に関する会計処理は，実行予算等の合理的な見積データを基礎に計上されます。工事受注時に当初予算が作成されますが，これは受注のための予算であって比較的短期間で概括的な算定により作成されます。この受注時点では通常，金額の信頼性，合理性が十分でないため工事損失を合理的に見積もることは困難です。

次に受注後工事着手前に実行予算が作成されます。実行予算は，工事の実態に即して施工方法，仕様，価格，外注先の選定等を十分考慮して積み上げられて作成されているため，工事損益を把握するための信頼できる基礎資料となります。そのため，通常，施工者が当該工事契約について最初の実行予算を策定した時点で，工事損失引当金の計上の要否に関する判断や，会計処理を行うために必要な工事収益総額や工事原価総額を合理的に見積もることが可能となります（工事契約適用指針第22項）。

## ❺　設　　例

以下の前提条件に基づいて工事進行基準に基づいた工事損益を計算した計算例，工事損失引当金の計算例，会計仕訳を示します。一般的で分かりやすいと思われる建設業の工事契約を例にして説明したいと思います。

＜前　提＞
・工事契約の施工者は，橋梁の建設について契約を締結しました。契約で取り決められた当初の工事収益総額は，20,000百万円です。施工者の工事原価総額の当初見積額は，18,000百万円です。

- 橋梁の完成には，3年を要する予定です。
- 1年度末及び2年度末において建設資材の価格が上昇し，施工者の工事原価総額の見積額は，それぞれ19,000百万円及び21,000百万円に増加しましたが，工事契約金額の見直しは行われていません。なお，最終的な工事原価総額は，20,500百万円です。
- 施工者は，決算日における工事進捗度を原価比例法により算定しています。各年度で見積もられた工事収益総額，工事原価総額及び各決算日における工事進捗度は，以下のとおりです。

設例を前提とした×1年度，×2年度，×3年度の工事損益の状況を示すと以下のようになります。

(単位：百万円)

| | ×1年度 | ×2年度 | ×3年度 | 3年間の契約全体の工事損益 |
|---|---|---|---|---|
| 工事収益総額 | 20,000 | 20,000 | 20,000 | 20,000 |
| 工事収益計上高（A） | 6,000*1 | 10,000*2 | 4,000*4 | |
| 過年度に発生した工事原価の累計 | — | 5,700 | 16,800 | |
| 当期に発生した工事原価（B） | 5,700 | 11,100 | 3,700 | |
| 完成までに要する工事原価 | 13,300 | 4,200 | — | |
| 工事原価総額 | 19,000 | 21,000 | 20,500 | 20,500 |
| 工事損失引当金の繰入，戻入（C） | — | 200*3 | −200*5 | |
| 工事損益（A−B−C） | 300 | △1,300 | 500 | △500 |
| 決算日における工事進捗度 | 30% | 80% | 100% | |

<会計処理>

×1年度の会計処理

① 工事原価の計上

| （借）工事原価 | 5,700 | （貸）諸　勘　定 | 5,700 |
|---|---|---|---|

② 工事収益の計上

| (借)工事未収入金 | 6,000 | (貸)工事収益 | 6,000*1 |

* 1　20,000×5,700÷19,000（原価比例法による進捗率30％）＝6,000
　　　契約締結時に，工事原価総額を18,000で見込んでいたが，原材料の高騰を受けて19,000に変更して進捗率を算定している（工事契約会計基準第16項）。

×2年度の会計処理

① 工事原価の計上

| (借)工事原価 | 11,100 | (貸)諸勘定 | 11,100 |

② 工事収益の計上

| (借)工事未収入金 | 10,000 | (貸)工事収益 | 10,000*2 |

③ 工事損失引当金の計上

| (借)工事原価 | 200 | (貸)工事損失引当金 | 200*3 |

* 2　20,000×(5,700＋11,100)÷21,000（原価比例法により進捗率80％）
　　　－6,000（×1年度収益計上額）＝10,000（当期の工事収益）
* 3　4,000（×3年度予定収益計上額）－4,200（×3年度見積発生原価）
　　　＝△200（見積計上損失）
　　　原材料の高騰を受けて工事原価見込み額を変更し，当該契約について工事原価総額が工事収益総額を超過する可能性が高いと見込まれた時点で工事損失引当金を計上する（工事契約会計基準第63項）。

×3年度の会計処理

① 工事原価の計上

| (借)工事原価 | 3,700 | (貸)諸勘定 | 3,700 |

② 工事収益の計上

| (借)工事未収入金 | 4,000 | (貸)工事収益 | 4,000*4 |

③ 工事損失引当金の取崩し

| （借）工事損失引当金 | 200 | （貸）工 事 原 価 | 200[*5] |

*4　20,000（工事収益総額）−(6,000＋10,000)（過年度計上収益）＝4,000
*5　×2年度末で見込んでいた工事原価総額は21,000であったが，最終的に20,500となり×2年度で見込んでいた工事損失引当金が使用されなかったため戻入処理を行う。

## 2　長期請負工事契約に係る税務上の取扱い

### ❶　平成20年税制改正の内容

　工事契約会計基準等が公表されたことに伴い，以下の表のとおり平成20年税制改正で工事進行基準の適用に対応する改正がなされています（法法64条，法令129条～131条等）。

　原則として，平成20年4月1日以後に開始する事業年度に着手する工事については，新法人税法が適用され，それより前に開始する事業年度に着手する工事については，旧法人税法が適用されます。

　なお，経過措置として，以下の3要件全部を満たす長期大規模工事について，すべて工事完成基準で会計処理をしている場合については，旧法人税法が適用されます。

- 平成20年4月1日から平成21年3月31日までの間に開始する事業年度に着手
- 工期1年以上かつ2年未満
- 請負対価10億円以上50億円未満

図表 3 - 17　税務上の取扱い（新旧比較）

| | 旧法人税法 | 新法人税法 |
|---|---|---|
| 工事進行基準が強制される対象（長期大規模工事）……①②③すべて満たすもの | ①　工事期間　2年以上 | ①　工事期間　1年以上 |
| | ②　請負対価　50億円以上 | ②　請負対価　10億円以上 |
| | ③　請負対価の2分の1以上が、引渡しの期日から1年を経過する日後に支払われることが定められていないこと | |
| 工事進行基準の任意適用が認められる条件（長期大規模工事以外） | 着工事業年度から引渡し日の属する事業年度の前事業年度まで、工事進行基準で継続して会計処理すること※ | |
| | 損失の発生が見込まれないこと | |
| 受注制作のソフトウェアの取扱い | 「工事」に含まれないため、工事進行基準は適用されない | 「工事」に含まれるため、工事進行基準が適用される（強制適用、任意適用の対象となる） |
| 工事進行基準による未収入金の取扱い | | 金銭債権として貸倒引当金の対象に含める |

※　着工事業年度後のいずれかの事業年度において、工事進行基準で会計処理しなかった場合には、その事業年度の翌事業年度以後は、税務上工事進行基準が認められない。

## ❷　会計と法人税の関係

　会計上は成果の確実性が認められる場合（3要件を満たす場合）に工事進行基準が適用され、税務上は長期大規模工事に該当する場合に工事進行基準が強制適用されます。このように、会計と税務では工事進行基準が強制適用される条件が異なるため、税務調整を必要とするケースが考えられます。なお、税務上はいくつかの特例を設けることにより、税務調整を必要とするケースを限定しているものと思われます。

　なお、次の表においては、会計処理（ケース）ごと、税務上の区分（「大」は長期大規模工事、「小」はそれ以外）ごとに税務上の取扱いをまとめています。例えば、進行基準のまま会計処理の変更がない場合の例として、成果の確実性が認められるケースにおいて、税務上の長期大規模工事に該当する場合には、税務

上当初から進行基準が適用され，会計と税務の乖離は生じません。また，長期大規模工事に該当しない場合においても，任意適用の要件を満たせば税務上進行基準が適用され，会計と税務の乖離は生じません。

図表3－18　税務上の取扱い（会計処理の変更なし）

| 会計処理 | 例　　示 | 区分 | 例示の場合の税務の扱い（※） |
|---|---|---|---|
| 進行基準のまま | 成果の確実性が認められるケース | 大 | 当初から進行基準 |
| | | | 税務上，長期大規模工事には進行基準が適用されるため，会計との乖離なし |
| | | 小 | 当初から進行基準 |
| | | | 任意適用の要件を満たせば，進行基準が適用される |
| | 途中で対価が減少したことにより，税務上の長期大規模工事から除外されるケース | 大<br>↓<br>小 | 進行基準　→　完成基準 |
| 完成基準のまま | 対価が確定する前に，工事に着手したケース | 大 | 当初から進行基準 |
| | | | なお，工事の進捗が初期段階の場合の特例（①），請負対価の額が確定していない場合の取扱いあり（②） |
| | | 小 | 当初から完成基準 |
| | | | なお，対価の額が確定していない場合の特例あり（③ⅰ　進行基準適用も可） |
| | 途中で対価が増加したことにより，税務上の長期大規模工事に該当することになったケース | 小<br>↓<br>大 | 完成基準　→　進行基準 |
| | | | なお，長期大規模工事に該当することになった場合の繰延の特例（④）あり |

図表3－19　税務上の取扱い（会計処理の変更あり）

| 会計処理 | 例　　示 | 区分 | 例示の場合の税務の扱い（※） |
|---|---|---|---|
| 完成基準から進行基準に変更 | 途中で対価が確定したケース | 大 | 進行基準のまま |
| | | 小 | 完成基準から進行基準に変更 |
| | | | 対価の額が確定していない場合の特例（③ⅱ） |

| 進行基準から完成基準に変更 | 途中で契約内容の変更により，対価が見積もれなくなったケース | 大 | 進行基準のまま |
| | | | なお，この場合には請負対価の額が確定していない場合の取扱いあり（②） |
| | | 小 | 進行基準 → 完成基準 |
| | | | なお，対価の額が確定していない場合の特例あり（③ⅰ　進行基準適用も可） |

※　①〜④については，以下図表「法人税法上の特例」をご参照ください。

図表3－20　法人税法上の特例

| 特　　　例 | 内　　　容 |
|---|---|
| ①　工事の進捗が初期段階の場合の特例 | 長期大規模工事については，工事に着手していても，事業年度終了時点で以下のいずれかの場合については，工事進行基準の方法による収益・費用をないものとすることができる。<br>・着手の日から6か月を経過していない場合<br>・進行割合が20％未満の場合<br>・進行基準で会計処理された場合を除く |
| ②　請負対価の額が確定していない場合の取扱い（長期大規模工事） | 請負対価の額が確定していない場合は，対価の額をその見積もられる工事原価の額と同額とみなして取り扱う。 |
| ③　請負対価の額が確定していない場合の取扱い（長期大規模工事以外） | 以下のいずれかを任意に選択適用できる。<br>ⅰ）対価の額をその見積もられる工事原価の額と同額とみなして取り扱う<br>ⅱ）対価の額が確定した日を着手の日として，進行基準を適用できる |
| ④　長期大規模工事に該当することになった場合の繰延の特例 | 選択により，既往事業年度にかかる収益・費用の額の計上を，完成引渡し時まで繰り延べることができる（ただし，進行基準で会計処理をした場合，この特例を受けなかった場合を除く） |

（公認会計士　湯本純久・公認会計士　井澤依子）

# 第4章

# 科目に特有の会計と税務

## ≪本章の概要≫

　本章においては，収益認識，金型取引，賃貸用不動産，資産除去債務について，科目に特有の会計と税務として取り上げて解説します。

　収益認識については，わが国の会計基準がＩＦＲＳに近づいていくことが考えられることはもちろんのこと，ＩＦＲＳの導入を視野に入れた場合，ほとんどの会社に影響する可能性があり，現状認識を十分に行っておくべき事項です。

　金型については，自動車関連製品製造業，家電製品製造業，工業製品製造業などを始めとして，多くの製造業において課題となっている論点です。

　つぎに，賃貸等不動産については，不動産業以外でも不動産賃貸を行っている企業に大きく関係しています。

　また，わが国の会計基準においては，資産除去債務は「有形固定資産の取得，建設，開発又は通常の使用によって生じ，当該有形固定資産の除去に関して法令又は契約で要求される法律上の義務及びそれに準ずるもの」とされており，不動産を賃貸している場合の原状回復義務を代表例として，有形固定資産に使用されている有害物質等について法律等により除去するような場合にも該当するものとされており，法律等の要請又はこれに準ずるものが範囲（ＩＦＲＳと比較して範囲が狭いものと考えられる。）とされています。

　これらの論点は，ＩＦＲＳの導入に際しても大きな課題として取り上げられると考えられる事項であり，自社の現状を十分に検討しておく必要があると考えられます。

| 本章の項目 | 関連する業種・組織形態 |
|---|---|
| 1　業種別の収益認識に関する会計処理と税務 | わが国のほとんどの企業 |
| 2　金型等の会計処理と税務 | 自動車産業，自動車部品製造業，家電製品製造業，工業製品製造業，化学産業，その他金型を使用して製品を製造する業種など |
| 3　賃貸用不動産の会計処理と税務 | 不動産賃貸業，投資不動産を所有する会社 |
| 4　資産除去債務の会計処理と税務 | 製鉄業や非鉄金属業などの素材産業，不動産を賃貸している会社，機械製造業，電気機器業等で資産除去について法的義務等を有している会社など |

# 第1節　業種別の収益認識に関する会計処理と税務

　本節では，様々な業種ごとに収益認識に関する会計処理と税務を概観します。業種の違いは，どのような財貨又はサービスを提供することにより対価を得ているかの違いですので，それよって，販売業務の流れや収益認識のタイミングも決まると考えられます。したがって，収益認識は業種の特徴が最も色濃く反映される科目といえるでしょう。本節では，わが国における収益認識の基本的な会計処理及び税務上の取扱いを中心として，様々な業種・業態における収益認識の会計処理を概観します。

> ・会計・税務における収益認識の基本的な考え方
> ・各業種における具体的な会計処理及び税務

　なお，不動産の販売に関する収益認識については「第3章第3節　不動産販売業の会計処理と税務」，不動産賃貸の収益認識については「第4章第3節　賃貸用不動産の会計処理と税務」，建設の請負に関する収益認識については「第3章第4節　長期請負工事契約の会計処理と税務」で，別途解説しておりますのでご参照ください。

## 1　収　　益

　企業会計基準委員会が公表した「財務会計の概念フレームワーク」では，「収益とは，当該会計期間中の資産の流入若しくは増加又は負債の減少の形をとる経済的便益の増加であり，持分参加者からの拠出に関連するもの以外の持分の増加を生じさせるものをいう」とされています。

企業は，何らかの財貨またはサービスを提供することにより，対価を得ることを目的として活動しています。企業が提供するものは大きくは財貨（モノ）と役務（サービス）の提供，「企業資産の第三者による利用」に分類することができます。さらに，財貨は動産と不動産に分類することができます。またサービスについては，財貨を使用させる（資金，不動産），人や物を運ぶ，教える（教育）などその性質によって様々に分類することができます。また，一時に全てのサービスが提供されるものや，時の経過に応じてサービスが提供されるものなど様々です。

　会計上，収益については，認識タイミングの他に，収益認識の単位，総額表示と純額表示，売上控除項目などが論点となります。収益認識については，日本公認会計士協会から「我が国の収益認識に関する研究報告（中間報告）」（以下，「研究報告」）が公表され，わが国における収益認識について，実現主義の下における現状の把握とＩＡＳ18に照らした考察が行われています。本稿では，この研究報告における個別具体的な考察も踏まえながら，業態別の収益認識について解説します。

## 2　収益認識（実現主義の原則）（いつ）

　わが国においては，現在，収益認識に関する論点整理が公表され，包括的な収益認識に関する会計基準が設定されようとしていますが，従来から，企業会計原則の「売上高は，実現主義の原則に従い，商品等の販売又は役務の給付によって実現したものに限る。」（企業会計原則　第二　損益計算書原則　3 B）という定めに従い，収益認識は実現主義によることとされてきました。実現主義の下での収益認識要件は，一般に「財貨の移転または役務の提供の完了」とそれに対する「対価の成立」が求められていると考えられます。したがって実務上はこれらの要件を，具体的な業務の流れに落とし込んでいつ収益が実現したかを判断することになります。

## 3 物品の販売

### ❶ 通常の物品販売（消費財メーカー，小売業など）

　物品の販売の場合には，実務上，物品の出荷時点，相手先への到着時点，相手先の検収時点などで収益を認識している場合が多いと考えられ，出荷時に収益を認識する実務が多く行われてきました。しかし，平成21年7月に公表された日本公認会計士協会の「我が国の収益認識に関する研究報告」では，実現主義の要件をより厳密に解釈すると，契約上特段の定めがない限り，物品を出荷した時点では，「財貨の移転の完了」という要件が満たされないとしています（研究報告Ⅰ9(1)）。

　一方，税務上は「商品，製品等の販売については，商品，製品等の引渡しがあった日（出荷日，検収日，検針日等）を含む事業年度の益金又は損金に算入する。」（法基2－1－1）とされています。したがって，従来は，物品の販売については出荷基準又は検収基準によっていれば，会計上も税務上も認められる処理であったといえます。

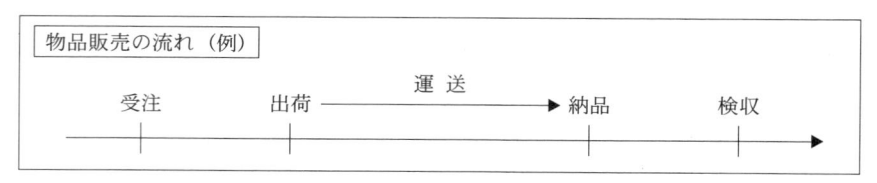

```
物品販売の流れ（例）
                        運　送
  受注      出荷 ─────────→ 納品      検収
  ─┼────────┼────────────────┼────────┼──→
```

### ❷ 据付け工事を伴う機械等の販売

　工場設備の機械等のメーカーの場合には，顧客の向上に機械を納入，据付けし，試運転が完了しないと，検収・支払いを受けられない契約形態による取引が行われることが想定されます。このような場合には，据付け・試運転が完了して初めて対価が発生すると考えられるため，検収基準等により収益を認識することが適切であると考えられます。

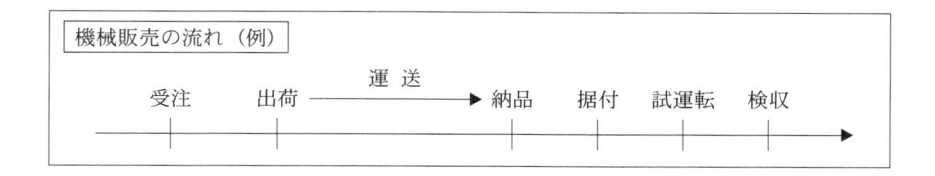

```
機械販売の流れ(例)
                 運 送
  受注    出荷  ――――→  納品   据付  試運転   検収
   ├―――――┼――――――――┼―――――┼―――――┼―――――┼――――→
```

## ❸ 輸出取引

製品を海外に輸出する取引を行う場合には，一定の輸送期間がかかることから，通常買手との間で，危険負担等についての取り決めがなされます。例えば，①船積時点において在庫の保有に伴う費用及びリスクが買手に移転するFOB（Free on board）契約（国際商業会議が定めるインコタームズに規定の本船後甲板渡条件）や，②買手の指定場所（倉庫，工場等）まで貨物を持ち込み，買手に引き渡した時点で売主の費用負担と危険負担が買主に移転する仕向地持込渡条件（FOBと同様にインコタームズに規定）などが典型的なものです。FOB契約の場合，特殊な条件がなければ一般的には，船積時点においてリスクが買手に移転すると考えられるため，船積時点で収益認識することは適切であるとされています。一方，仕向地持込渡条件の場合には，指定場所に物品を持ちこんだ時点で，リスクが買手に移転すると考えられるため，船積時ではなく，買手が検収した時点で収益認識することが適切であるとされています（研究報告ケース19・20）。

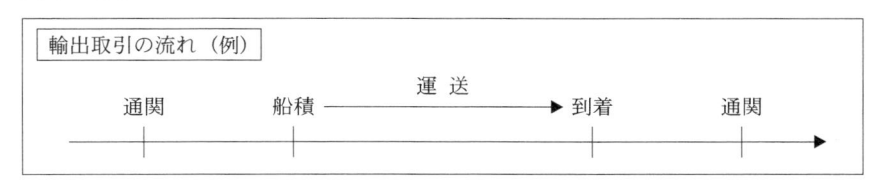

```
輸出取引の流れ(例)
                 運 送
  通関    船積  ――――→  到着        通関
   ├―――――┼――――――――┼―――――――――┼――――→
```

## ❹ 価格未確定取引

化学品・燃料関連商品などの素材産業においては，販売単価をその時点の実勢価格を反映して事後的に修正する場合があります。研究報告では，商品等の引渡しがなされ，その時点で設定された単価がその引渡時点での合理的な価格

を表し，かつ，通常条件で決済されるなど「対価の成立」の要件を満たしていると判断される場合には，商品等の引渡時に収益を認識することが適切であるとしています（研究報告ケース9）。

税務上は，商品等の販売については引渡日の属する事業年度の益金となるとされており，販売代金が確定していない場合は，期末日の現況により見積って収益を計上し，収益確定年度で清算する（法基2－1－4）としています。

## ❺ 自動車販売（登録基準と納車基準）

自動車は動産であり，引渡しにより所有権が移転しますが，自動車については所有権を公証するために登録制度が設けられており，新車登録が義務付けられています。新車販売においては，顧客への納車時又は登録時に収益を計上する実務が多いようです。いずれの場合でも，車検証や受領証などの資料を整える必要があります。

```
新車販売の流れ（例）

  メーカー出荷    販社到着     登録      納車
  ─────┼─────┼──────┼──────┼─────→
```

## ❻ 電気事業における検針基準

電気事業は，工場や家庭に電力を供給することにより収益を獲得します。電気事業においては，会計実務上，検針日基準で収益計上されていることが多いようです。税務上も，商品，製品等の引渡として検針日が例示されていることから，検針日基準が認められると考えられます（法基2－1－2）。

## ❼ 委 託 販 売

委託販売は，代理店等の受託者が委託者に代わって第三者に物品を販売する取引です。例えば，小売業における委託契約や代理店を通じた物品の販売などが考えられます。

委託販売については，企業会計原則注解【注6】において，委託販売は受託者が委託品を販売した日をもって売上収益実現の日とすると定めています。また，研究報告では，委託販売に類似する取引形態として，①化粧品会社等と百貨店等の取引で，百貨店等がその商品を顧客に販売した時点で百貨店が商品を仕入れたこととなる契約や，②特約店や代理店を通じて物品を販売する取引で特約店等が第三者に物品を販売するまで当該物品の仕入債務の支払い義務を有しない契約をあげ，これらについても物品が第三者へ販売されたときに収益を認識することが適切であるとしています（研究報告ケース24・25）。

一方，税務上は，原則として契約に基づく委託販売による収益は，その委託品について受託者が販売したときを含む事業年度の益金の額に算入するとされています。ただし，当該委託品についての売上計算書が売上の都度作成され送付されている場合において，法人が継続してその収益を当該売上計算書の到達した日の属する事業年度の益金の額に算入しているときはこれを認めるとされています（法基2－1－3）。

## ❽ 割賦販売・リース取引

割賦販売やリース取引は比較的高価な財貨の販売に付随して行われます。主に自動車の販売，小売業，クレジット・リース事業などが想定されます。

割賦販売については，企業会計原則注解【注6】(4)において，販売基準により物品を引き渡した日をもって収益実現の日とすることが原則とされていますが，販売基準に代えて割賦金の回収期限の到来日又は入金日をもって売上収益実現の日とする割賦基準も認められています。ただし，研究報告では割賦販売取引の実質は，物品の販売取引のほかに，代金回収を長期かつ分割払いとすることによって信用を供与する金融取引の性格を併せ持つとしており，割賦販売取引は商品販売と金融取引に区分して会計処理することが適切であるとしています。すなわち，商品の販売取引については，販売時に収益を認識するとともに，金融取引部分については利息法を適用し，金利相当額を代金分割回収期間にわたり認識するという会計処理です。

リースについては詳細な解説は割愛しますが、所有権移転ファイナンス・リースについては、貸手からみるとリース物件の売却と同様の取引であると考えられることから、次の3つの会計処理が定められています。

① リース取引開始日に売上高と売上原価を計上する方法
② リース料受領時に売上高と売上原価を計上する方法
③ 売上高を計上せずに利息相当額を各期へ配分する方法

なお、割賦販売は、所有権移転ファイナンス・リースと同様の取引と考えられることから、割賦販売取引に対して所有権移転ファイナンス・リースの会計処理を適用することができます（リース取引に関する会計基準の適用指針120・121項）。

一方、税務上は長期割賦販売等については、「その資産の販売等に係る収益及び費用の額につき、各事業年度において継続的に延払基準の方法により経理したとき、その経理した収益及び費用の額はその事業年度の益金及び損金に算入する（法法63①本文）」とされています。

## 4　役務の提供

### ❶　役務の提供に関する収益認識

物品の販売の場合には、基本的には引渡しをもって一時点で財貨が移転します。一方、役務の提供については、物品の販売のように一時点のみをもって実現の要件を満たすのではなく、業務の進捗や時間の経過に応じて「役務の提供」という要件が満たされることがあります。言い換えれば、提供する役務の内容・性質によって収益認識タイミングが異なることになります。収益認識の基準は、概ね3つのパターンに分類することができます。①成果物の引渡義務を負う役務提供契約の場合には、対価は完成した成果物に対して支払われると考えられるため、当該成果物の引渡しが完了したときに役務の提供という実現主義の要件が満たされることになると考えられます（完了基準）。②最終的に成果物を提供することになっていても、役務の実質的な内容が実施した作業であり、成果

物とは無関係に支払いが行われるような場合には，業務の進捗に応じて収益を認識することになります。ただし，この場合には進捗度が信頼性をもって見積もれることが必要です（進行基準）。③一定の期間にわたって同質のサービスを提供する契約の場合には，収益を時間の経過を基礎として認識すべきことが定められています（企業会計原則注解【注5】(2)及び(4)）（期間経過基準）。

役務の提供に関する収益認識を行う場合には，取引内容の実態が上記のいずれに該当するかを検討して，会計処理することになると考えられます。

税務上，技術役務の提供に係る報酬については，原則としてその役務の全部の完了日の属する事業年度の益金とすることとなっています。ただし，以下の事実がある取引については，報酬の額が確定する都度その確定日（全部完了日又は1年を超える日とされているときは，いずれか早い日まで収益計上を見合わせることができる。）とされています。

① 報酬額が現地派遣の技術者数及び滞在期間の日数等により算定され，かつ，一定期間ごとに確定するもの。
② 基本設計分と部分設計分の報酬額に区分され，区分作業完了ごとに金額が確定するもの。
③ 着手金は後日，清算返戻をすることになっているものを除き，収受日の益金とする。

## ❷ 輸送業務に関する収益（旅客運送業・海運業等）

研究報告では，旅客運送事業において提供する役務は，顧客を輸送することであるから，返金義務を負わない場合であっても，顧客に対して輸送サービスを提供した時点で収益を認識することが適切であり，発券基準による収益認識はあくまでも輸送サービス提供完了基準と重要な差異がないことを前提とした簡便法であるとしています（研究報告ケース47）。

税務上は運送収入については原則として役務完了日の属する事業年度の益金とするとしており，継続適用を条件に，乗車券発売日，出発日によることも認められます（法基2－1－13(1)）。

また、海運業では、一回の航海が数か月に及ぶことも考えられます。会計実務上は、航海完了基準又は輸送進行基準などにより収益認識がされています。

税務上は、原則として役務完了日に益金に算入することになりますが、①出発日、②継続適用を条件として、4か月以内の航海の場合の航海終了日、又は③通常要する航海期間の経過に応じて日割り、月割によることが認められています（法基2－1－13）。

## ❸ 教育サービス・スポーツクラブ等における入会金と授業料

学習塾や英会話教室などの教育サービスを提供する企業やスポーツクラブ等では、入学時に一定額の返還義務のない入学金を受領するとともに、別途、一定期間にわたり一定回数の授業を行うことを約して授業料を受領する取引が行われることが多いと考えられます。一般的に、返還義務のない入会金等については、入会金等を支払うことによってその後非会員に比して低い価格で施設を利用できるような場合でなければ、入会時に一括収益計上するものと考えられます。また、授業料については一般的に返還義務を負わないような契約になっていることが多いと思われますが、このような場合で一定期間にわたり一定回数の授業を行う契約であれば、契約期間にわたり定額で収益を計上することが考えられます。なお、研究報告では一定の場合に返還義務を負っている場合について考察しています（研究報告ケース57）。

```
教育サービスの流れ（例）

                                       授業の進行
                                       期間の経過
  入学金納付    入学    授業料納付    授業開始 ────────→ 授業終了
  ─────┼─────┼─────┼─────┼───────────────┼──────→
```

### ❹ 不動産売買の仲介

不動産売買の仲介業務は，売り物件の情報を収集・宣伝し，また買い希望などの情報を集めて，マッチングし，売手と買手が売買に合意し，売買がなされて，仲介手数料が支払われるという流れで行われます。会計上は，売買契約が締結された段階で役務の提供が完了したと考えて売買契約締結時に収益を認識する方法と，物件の引渡しが完了した時点で役務の提供が完了したと考えて，引渡完了時に収益を認識する方法があると考えられます。

税務上は，不動産の仲介あっせん報酬については，原則としてその契約の効力発生日の属する事業年度とされています。ただし継続して取引完了日（同日前収受分は収受日）によることができるとされています（法基2－1－11）。

```
不動産販売の仲介業務の流れ（例）

                                当事者間の         物件の
                                売買契約締結       引渡し
  媒介契約      物件紹介
  ──┼──────────┼──────────┼────────┼──────→
```

## 5　企業資産の第三者による利用

### ❶ フランチャイズ料

フランチャイズ加盟料

フランチャイズ加盟料は，一般にフランチャイズ運営者がフランチャイズ加盟者に役務を提供し，商標やノウハウを利用させることにより，フランチャイズ加盟者から支払われる金銭であると考えられます。一般に，コンビニや飲食店などチェーン展開している業態において発生する取引です。

フランチャイズ加盟料の収益認識については，加盟契約時，加盟金入金時，出店確定時，契約期間にわたって認識するなどの会計処理が考えられます。会計処理の決定にあたっては，契約期間の有無，契約内容，返還義務の有無を総合的に勘案して，実態に合った会計処理を行うことになります。

税務上は、一時の益金算入が求められることになると考えられます（法基2−1−17・ノウハウの頭金等の帰属の時期）。

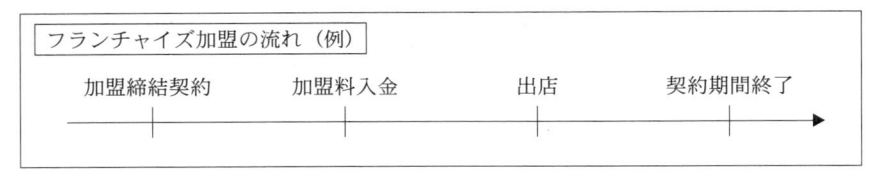

```
フランチャイズ加盟の流れ（例）

加盟締結契約    加盟料入金    出店    契約期間終了
────┼────────┼────────┼──────────┼────→
```

## ❷ 使用許諾料・ロイヤリティ

医薬品業界における特許使用、販売権の利用、自動車のライセンス生産、音楽著作権、映画フィルムなど権利を利用させる対価として使用許諾料・ロイヤリティ等を受領する取引があります。使用許諾権・ロイヤリティ取引は、業界や個々の企業によって様々な支払方法が定められています。このため、使用許諾権・ロイヤリティの収益認識については、どのような役務に対して対価が支払われており、どのタイミングで役務の提供と対価の確定がなされるのかを実態に照らして判断して、収益認識を行う必要があります。

法人税法上は、工業所有権やノウハウの一時金又は頭金について返還不要の場合には、支払時（入金時）に益金とすることとされています（法基2−1−16、2−1−17）。

## 6　受取利息の会計処理

わが国の会計基準においては、債券利息はその利息計算期間（約定日からではなく、受渡日から起算される。）に応じて算定し、当該事業年度に属する利息額を計上するとされています（会制第14号第95項）。

税務上は、貸付金利子については利子の計算期間に応ずる金額を益金とするとしています。ただし金融保険業以外の利子で1年以内の一定の期間ごとに支払期日が到来するものは、継続適用を要件に支払期日に計上してもよい（借入金とその運用資産としての貸付金、預金、貯金又は有価証券がひも付きの見合い関係に

ある場合に，支払利子を計算期間基準によるときは，受取利子もそれによる。）とされています。

## 7　収益認識単位（どの単位で）

　収益認識単位とは，収益認識にあたってどのような取引（群）を1単位の取引とするかということです。基本的には，1つの契約を1つの取引として会計処理することになりますが，複合取引（ある1つの取引が経済的に分割される複数の取引要素から構成されている取引）や複数の契約として分割されているものの経済実態としては1つの取引である場合が問題となります。具体的には，機械の販売と保守サービスの複合契約，分割検収条件に基づく役務提供，ハードウエアとソフトウエアをシステム一式として販売する契約，ソフトウエア製品価格に販売後複数年間の保守契約が含まれている契約などについて，収益認識単位が問題になります。

　わが国においては，収益認識の単位について包括的に定めている会計基準はなく，ソフトウエア取引実務対応報告で，複合取引について管理上の適切な区分に基づいて契約を分解して収益認識を行うことが定められています。また，工事契約会計基準において収益認識の単位について，合意された取引の実態を忠実に反映するように実質的な取引の単位に基づいて行う必要があるとされており（工事契約会計基準第43項），取引の実態に合わせて判断することになると考えられます。

## 8　総額表示と純額表示（いくらで）

　わが国の収益の総額表示と純額表示については，企業会計原則で「費用及び収益は，総額によって，記載することを原則とし，費用の項目と収益の項目とを直接に相殺することによってその全部又は一部を損益計算書から除去してはならない。」（企業会計原則　第二　損益計算書原則　一B）と定められています。

研究報告では，このような総額主義の原則の下，わが国の実務では，ソフトウエア取引実務対応報告が適用されるソフトウエア取引を除き，どのような場合に費用項目と収益項目を相殺表示してはならないのか（又は，相殺表示すべきか）といった判断は各企業の合理的な判断に委ねられているとしています。また，実務上は，契約で取引当事者となっている場合には取引の総額を収益として表示し，代理人となっている場合には手数料のみを収益として表示している例が多いとしています。しかしながら，①商社が代理人として行う取引，②百貨店等におけるテナント売上及び消化仕入，③不動産のサブリース（転貸），④ガソリン税や酒税等については総額表示されている例がみられるため，純額表示することが適当な場合があるとしています。

## 9　売上控除項目

### ❶　売上割戻（リベート）

　消費財メーカー，医薬品メーカー，卸売業等においては，顧客の購買量・金額又は販売量・金額等に応じて顧客にリベートを支払う商慣行があります。一定期間に多額又は多量の取引をした得意先に対する売上代金の払戻額等の売上割戻は売上高から控除することになっています（財規ガイドライン72－1－2）が，リベートの中には，単純に多額又は多量の取引に対するものだけでなく，販売促進費的な性質を有する支出も含まれると考えられます。このような取引について，リベートを売上高から控除している場合と販促費等の販売費及び一般管理費として処理している場合があります。研究報告では，販売条件の決定時にリベートが考慮されていた場合には，リベートは販売価額の一部減額，売上代金の一部返還という性格を有するため，得意先に対するリベートの支払いが販売条件決定時に考慮されていれば，それが得意先における販売促進費等の経費の補てんであることが明らかな場合を除き，リベートを売上高から控除することが適切であるとしています（研究報告ケース3）。なお，期末時点において，売上割戻の金額が確定していないが，支出の可能性が高い場合には，売上割戻引

当金を計上することが考えられます。

　税務上は，売上割戻しの算定基準が販売価額又は販売数量によっており，かつ，その算定基準が契約その他の方法により相手方に明示されている売上割戻しは，販売した事業年度に計上するとされています。ただし，法人が継続して売上割戻金額の通知又は支払いをした日を含む事業年度に計上することも認めることとされています。

　また，上記に該当しない売上割戻しは，その売上割戻しの金額の通知又は支払いをした事業年度に計上するとされています。ただし，各事業年度の終了の日までに，その販売した棚卸資産について売上割戻を支払うこと及びその売上割戻しの算定基準が内部的に決定されている場合において，法人がその基準により計算した金額を当該事業年度の未払金として計上するとともに確定申告書の提出期限（法人税法75条の2の適用される場合は延長された期限）までに相手方に通知した時は，継続適用を条件としてこれを認めるとされています（法基2－5－1～3）。

## ❷ 返　　品

　医薬品メーカー・医薬品卸売業界，アパレル業界，音楽・書籍出版業界等においては，商製品を返品する商慣行が存在します。当期に返品された商製品については売上戻り高として売上高から控除します。翌期以降の返品については，確定はしていないものの，予想される返品の額は過去の実績等から合理的に見積もることができますので，返品調整引当金を計上します。返品調整引当金の計上額については，将来の返品に対応する売上総利益相当額を計上している実務が多いようです（研究報告ケース17）。

　返品調整引当金は，法人税法上も損金とすることが認められており，「出版業その他の事業を営むもののうち，常時，その販売するその棚卸資産の大部分について，販売の際の価額で買戻しする等の特約を結んでいるものが，買戻しによる損失の見込み額として，損金経理により返品調整引当金勘定に繰り入れた金額については，その金額のうち繰入限度額に達するまでの金額には損金に

算入する（法法53①）。」とされています。

　なお，税務上，返品調整引当金を設けることができる事業は限定されており，以下の業種が指定されています。

---

(1)　出版業（その取次業を含む。）

(2)　医薬品（医薬部外品を含む。），農薬，化粧品，既製服の製造業，卸売業

(3)　レコード，磁気音声再生機用レコード又はデジタル式の音声再生機用レコードの製造業，卸売業

---

## 10　収益に関する開示

### ❶　費用・収益の計上基準

　わが国では，重要な会計方針として，「費用・収益の計上基準」の記載が求められています（企業会計原則注解【注1-2】）。しかし，研究報告では，実務上有価証券報告書に，収益の計上基準が記載されている割合は少なく，特に商製品の販売や役務の提供といった一般的な取引形態について収益の計上基準が記載されている例は極めて少数としています。研究報告は，代替的な会計基準が認められていない場合には，会計方針の注記を省略することができるとされているためであろうとしています。

　そして，結論として，事業内容が多様化，複雑化している現在においては，収益認識基準を開示することが適切であるとしています。なお，海運業や教育サービスなど収益認識基準を開示している業種もあります。

### ❷　売上高の季節変動の注記と業種の関連

　四半期報告書においては，事業の性質上，売上高又は営業費用（売上原価並びに販売費及び一般管理費の合計をいう。）に著しい季節的変動がある場合には，その状況を注記しなければならないとされています（四半期連結財規　第81条）。

　売上の季節変動は，主にその国における行政・企業のカレンダーの影響によ

り発生します。例えば，不動産分譲業では，入学・入社シーズンに合わせて3月・4月の引渡しが多いことから3月末に売上が集中する傾向があります。また，建設業でも，官庁向け工事などでは3月末に納期が集中し売上が集中する傾向があります。

また，季節の変化をビジネスチャンスとしてビジネスモデルを組み立てている業界もあります。ビールや旅行ツアーは夏が最もよく売れますし，アパレルでは冬の重衣料の方が単価は高くなります。電力業やガス事業では，夏の冷房需要や冬の暖房需要の高い時に売上が多くなる傾向があるようです。

## 11　収益認識に関する今後の動向

　国際会計基準審議会（IASB）と米国財務会計基準審議会（FASB）は，共同で収益認識に関する会計基準の見直しを検討しており，平成20年（2008年12月）にディスカッション・ペーパー「顧客との契約における収益認識についての予備的見解」が公表され，収益認識について「資産及び負債の変動に基づく収益認識のモデル（提案モデル）」が提案されています。

　このような国際的な動向を受けて，企業会計基準委員会（ASBJ）は平成21年9月8日に「収益認識に関する論点の整理」を公表し，提案モデルの概要解説と提案モデルがわが国の現行の取扱いに与える影響について論点を整理しています。さらに，2010年6月には国際会計基準審議会（IASB）と米国財務会計基準審議会（FASB）が公開草案「顧客との契約における収益認識」を公表しており，今後の動向が注目されています。

> **収益認識に関する会計基準等**
> ・企業会計原則　第二　損益計算書原則　3B　実現主義の原則
> ・収益認識に関する論点の整理　平成21年9月8日　企業会計基準委員会
> ・実務対応報告第17号　ソフトウエア取引の収益の会計処理に関する実務上の取扱い

・会計制度委員会研究報告第13号　我が国の収益認識に関する研究報告（中間報告）－ＩＡＳ第18号「収益」に照らした考察－　平成21年7月9日　日本公認会計士協会

(公認会計士　三橋　敏)

# 第2節　金型等の会計処理と税務

　本節で取り上げる「金型」は，工業製品製造業，特に金型に関連した取引について様々な形態が見られる自動車製造及び自動車部品製造業（輸送用機器製造業），家電製品製造業でその処理をどのように行うのかが検討課題となっています。

　金型は，金属製や樹脂製の部品や製品を塑性加工（圧延，鍛造，剪断，プレスなど）や射出成型などにより製造するための金属性の型のことを指します。鉄板などを曲げて加工するためのプレス型，車のエンジンなどの製造に使われる溶かした金属を流し込むための鋳型，プラスチックを溶かして流し込むプラスチック金型など様々なものがあります。また，鯛焼き，たこ焼き，今川焼きなどの型も金型と呼ばれることがあります。

　いわゆる「型」については，金属製以外のものもあり，砂製を「砂型」，木製を「木型」などと呼びます。ただし，木型は和菓子などを製造するためのものなどを除き，多くの場合，直接品物を製造するためのものではなく，製造する品物の模型という性質を持ち，砂型は鋳造品を作るために溶かした金属を流し込むための型（砂に木型や金型を埋めたのち取り出して空間を作ったもので製造の都度費消される——鋳造品を取り出すときに砂型を壊して取り出すため）ですので，本節で取り扱う金型とは異なる取扱いがなされます。

　最初に述べたように，金型をめぐる取引には様々な形態がありますが，本節においては，工業製品製造業（自動車部品製造業を主な対象とする。）において問題となる金型取引をめぐる主な論点や処理について説明したいと思います。

> **（主に対象となる業種）**
>
> 自動車部品製造業，自動車製造業，その他の部品製造業，家電製品及び部品製造業などの工業製品製造業，その他金型を使用して製品を製造する業種（化学業なども含む。）。

## 1　金型の会計処理等

　本節においては，金型に関連した取引を，個々の部品や部品を組み合わせてユニット部品を製造する「部品メーカー」とその部品を使って最終製品を製造するような「納入先」の二者に単純化して検討したいと思います。ただし，ユニット部品を製造する会社は，一方で部品メーカー側になるとともに，もう一方では納入先になるケースがほとんどであると考えられますので，両者の課題が生じることとなります。また，金型を使って部品を製造する部品メーカー側での処理を主に検討することとします。

### ❶　金型取引の主な類型

　部品メーカーが，金型を外部から購入するのか，自社で製造するのかといった観点，所有権は納入先にあるのか，自社にあるのかといった観点，金型のコスト（原価）をどのようにして回収するのかといった観点から金型の取引は概ね次のように区分することができます（取引の途中で区分が変わる場合もあります。）。

図表4－1　金型取引の区分

| 購入か製造か | 所有権 | コストの回収方法等 | 区分 |
|---|---|---|---|
| 外部購入等（納入先からの支給貸与も含む） | 納入先所有 | 金型を納入先から借り受け | A |
| | 自社所有 | 製造した製品・部品の販売により回収 | B |
| 製造（内作） | 納入先所有 | 金型の一括売却により金型代金を回収するとともに，金型を借り受ける | C |
| | 自社所有 | 製造した製品・部品の販売により回収 | D |

## ❷ 納入先所有（預かり型，預け型）の場合（１❶のＡとＣのケース）
（部品メーカー側）

### 1 金型を預かっている側（預かり型）の留意点

区分のＡとＣのように，納入先が金型の所有権を有し，納入部品製造元が借り受けて使用する場合には，金型は納入先の固定資産となります。したがって，金型を使って部品を製造する会社（部品メーカー）にとっては，納入先の固定資産を借り受けて使わせてもらっている，預かっているということになります。このため，部品メーカーにとっては，自社の資産ではないため，他社からの借り受け資産，預かり資産として責任を持って現物管理を行う必要があります。また，納入先に預り証などを発行して提出することも必要になります。

(1) 区分Ａの留意事項

区分Ａは，単に納入先から金型を借り受けて使うという取引になりますので，会計処理は特に生じません。前述したように，現物の管理を行えばよいということになります。

ただし，今後のわが国での収益認識基準の明確化や国際財務報告基準（International Financial Reporting Standards，以下「ＩＦＲＳ」）の導入を考えた場合には，検討課題が生じると思われます。部品メーカーが購入した金型を部品の納入先に売却するケース，特に簿価売却ではなく，利益を上乗せして売却しているようなケースでは後述するような収益認識をどの時点で行うのかというような論点も考えられます。

(2) 区分Ｃの留意事項（金型売却に関連した処理及び課題）

① わが国での主要な処理と考え方

区分Ｃの部品メーカーが金型を製造して，納入先に売却した上でその金型を借り受けて部品の製造を行うケースでは，金型のコストは，製造した部品の販売時に上乗せして回収するのではなく，金型を納入先に売却することを通じて回収することになります。金型の製作については通常の部品の製造と同様に原価計算を行い，金型の完成時に製品，貯蔵品などの棚卸資産に計上するケースと少ないケースと思われますが，製作中は自社の固定資産となる

金型と同様に建設仮勘定で処理（もちろん金型製作の原価計算は行います。）しておき，完成時に自社所有となる金型を固定資産に，売却処理される金型を製品，貯蔵品などに振り替える処理を行うケースもあると思われます。金型の製造及び販売を会社の目的としておらず，経常的な取引でない場合は後者の処理となることもあると考えられます。金型の売却処理についても，売上を計上するケースと営業外損益で処理するケースとがあると思われます。売却時の仕訳例を示せば次のようになります。

＜仕訳例＞

（売上，売上原価処理の場合）

| （借）売　掛　金 | ××× | （貸）売　　　　上 | ××× |
|---|---|---|---|
| （借）売　上　原　価 | ××× | （貸）製品，貯蔵品など | ××× |

（営業外収益処理の場合）

| （借）未　収　入　金 | ××× | （貸）製品，貯蔵品など | ××× |
|---|---|---|---|
|  |  | 　　　金　型　売　却　益 | ××× |

（注）　計上区分等は定款目的，会社の組織や管理体制などの実態を総合的に判断して決めることになります。

② 米国基準やＩＦＲＳの考え方と処理

わが国では，部品製造前に部品メーカーが納入先に金型を売却する際には，ほとんどの場合，金型売却契約に基づいて，金型を納入先に売却した時点で売上と売上原価が計上されるか，営業外損益の区分に金型の売却益が計上されることになります。

しかしながら，その後に当該金型を使用して部品を製造して納入先に納入する取引が引き続いて行われることから，金型売却契約は金型代金の回収条件の設定であり，金型の売却と部品を製造して納入する取引は一体の取引であると考えることもできます。このように考える場合には，金型を使用して製造した部品の製造・納入や金型や金型を利用して部品を製造する使用見込

み期間，あるいは金型の減価償却等に応じて金型売却の利益が実現していくのが経済実態であると考えることができます。米国基準やIFRSにおいては，このような考え方が採用される可能性が高いと思われます。

この考え方によれば，金型売却時点で利益が一括計上されることはないため，金型を納入先に売却するケースでも売却しないケースでも各期において概ね同程度の利益が計上されていくことになります。金型を納入先に売却してもしなくても金型を使用して部品を製造して納入することは一緒であり，部品の製造・納入，金型や金型を利用して部品を製造する使用見込み期間，あるいは金型の減価償却等に応じて収益を認識するのが経済実態であり，同様の経済実態には同様の処理を行うという考え方です。この場合には，利益を繰り延べて処理していくことになると思われます。

＜仕訳例＞
（金型の売却時）

| （借）未 収 入 金　×××　　（貸）製品，貯蔵品など　××× |
| 繰 延 収 益　××× |

（部品の納入時あるいは減価償却時など）

| （借）繰 延 収 益　×××　　（貸）売上，金型売却益など　××× |

また，収益認識以外に，金型取引については，法的にリースの形式をとらない取引であっても，リース取引に該当しないかどうかについて検討する必要が生じることも考えられます。例えば，専用金型の場合等には，部品納入契約が当該金型という特定の資産の使用に依存しており，当該資産を実質的に使用する権利（使用権）が与えられていると考えられるため，実質的なリース取引として処理することになると考えられます。

③　原価管理上の問題点及び課題

金型を売却せず部品メーカーが自社の固定資産とするケースと金型を納入先に売却するケースとでは，原価管理についても検討すべき事項が生じます。

また，金型代金の精算方法によっても検討すべき事項が生じます。例えば，機種ごとに両者の取引が混在している場合や金型代金を別途精算する場合には，型償却費込み原価（自社の固定資産とする場合）と型費別原価（金型を売却する場合や部品代金とは別に精算する場合）が混在することになり，原価比較や原価改善などの原価管理を行う場合に煩雑となり，分析等を誤る原因となってしまうことが容易に想定されます。このように様々な形態の金型取引が存在する場合には，原価管理体制をきちんと整備しておくことが必要となるでしょう。

2　金型を預けている側（預け型）の留意点（納入先側）

(1)　現物管理上の留意点

前述1の部品メーカー側とは逆に，金型を使って製造された部品の納入を受ける側は，固定資産の取得となりますが，手許に現物のない預け資産，貸与資産となります。したがって，自社の固定資産としての計上漏れがないように注意する必要があります。同様に，減価償却費についても計上漏れがないように，預け資産の管理台帳などを整備して管理する必要があります。また，金型を預けている外注先（部品メーカー）から預り証を入手するとともに，一定の時期に一括して，あるいは，ローテーションにより現物を確かめに行く等の統制手続も確立しておく必要があります。

(2)　外注先の資金負担の緩和

金型代金を金型の取得（所有権移転）とともに一括して支払う取引は，金型を使用して部品を製造する外注先に対する資金支援という意味合いもあります。新製品立上げ時には，外注先（部品メーカー）は，金型，製造設備，製造ラインの整備などの資金負担が生じます。また，原価企画等により新製品立上げのかなり前の期間から準備も行っているため，先行して資金負担が生じています。

このような資金負担は基本的には，後に部品を製造し納入した代金により回収・解消していきますので，長期にわたって資金が固定化されることも考えられます。このような資金負担を緩和するために，部品の製造開始前に金型の一括購入を行うような側面もあるということができるでしょう。

さらに，資金負担の緩和策として，後述するような金型補償費の支払や生産終了後に納入先が部品メーカーから金型を購入する等の取引が行われることもあります。

## ❸　自社所有の金型の減価償却（１❶のＢとＤのケース）（部品メーカー側）

前述の区分❶のＢのケースとＤのケースは，自社所有の金型という固定資産の取得となりますので，自社の固定資産として管理し，減価償却を行うことが必要になります。

金型の減価償却方法についての会計方針の例には，次のようなものがあります。

図表４－２　金型の減価償却方法の例

| 業　種 | 会　計　方　針 |
|---|---|
| 輸送用機器 | 「工具・器具及び備品」に含まれる金型の減価償却方法は，定率法を採用し，耐用年数の終了する事業年度に備忘価額まで償却しています。 |
| 電気機器 | 金型については，生産高比例法を採用しております。 |
| 輸送用機器 | 部品成形及び鋳造用金型は，見積使用可能期間の月数による定額法。 |
| 金属製品 | 工具器具及び備品に含まれる金型及び治工具については，残存価額を零とする定額法を採用しております。 |
| 非鉄金属 | 金型は残存価額０（ゼロ）の定額法。 |

耐用年数に渡り，定率法や定額法で減価償却を行っているケースもありますが，見積り生産数に基づく生産高比例法を採用しているケースもあります。金型を使って部品を１回製造することを「ショット」と呼ぶことも多く（したがって，２回の場合は「２ショット」のように表現する。），見積り生産数にしたがって金型を償却することを「ショット償却」などと呼ぶこともあります。

主な減価原因である金型の使用という面から考えると，金型は物理的には使用のたびに減価して行き，製造する部品に当該コストが転嫁されていくものと考えるのが自然であり，ショット数に応じて償却していくことが考えられることになります。製造した部品や製品の売上代金に金型使用料も含められている

と考えられる場合にはこのような方法が合理的といえるでしょう。

しかしながら，金型の使用料を製造した部品や製品の売上とは別に，例えば毎月定額で精算しているような場合には，使用見込み期間に応じた費用収益の対応から金型代金の回収に合わせて，毎月定額で減価償却を行うことが取引実態に合致していると判断されることもあるでしょう。

いずれにしても，金型の使用状況，回収方法などを総合的に判断し，実態に合った減価償却を行うことが必要となります。また，前述の区分Aや区分Cの納入先が保有する金型については，納入先側において取引実態を考慮して，実態に適した減価償却を行うことが必要です。

## ❹ 最近の金型に関する会計方針の変更の事例

最近見られた金型に関係する会計方針の変更の主な例は，次のとおりです。

| 業　種 | 変　更　の　理　由　等 |
|---|---|
| 自動車部品製造業 | 連結財務諸表提出会社及び国内の連結子会社は，従来，工具，器具及び備品に含まれる金型については法人税法の規定に基づく定率法によっておりましたが，当連結会計年度より改正後の法人税法の規定に基づく定額法に変更しております。<br>　この変更は，改正前の法人税法の規定に基づく定率法によった場合の減価償却費と改正後の法人税法の規定に基づく定額法によった場合の減価償却費の期間配分を比較した結果，金型が使用期間にわたり概ね平均的に使用されていることから，改正後の法人税法の規定に基づく定額法が，減価償却費をより適切に期間配分できること，また，得意先からの金型代の回収方法に関して定額均等方式による割合が近年増加傾向にあることを踏まえ，費用収益の対応関係をより適切に対応させることから行ったものです。 |
| 金属製品 | 当社は，当連結会計年度から，工具，器具及び備品のうち金型の減価償却方法を，従来の定率法から定額法に変更しております。<br>　この変更は，近年，金型の開発投資が増加し重要性が増していることから，平成19年度の税制改正を契機として金型の減価償却方法の見直しを行った結果，当社主要取引先納入部品製造用金型について，当該金型代金相当額の取引条件（一定期間内均等受取）に対応させて減価償却を行うことで，従来の減価償却方法によった場合に比較して，より適正な期間損益を算定することを目的として変更したものであります。 |

| 化　　　学 | 当社は当連結会計年度より，有形固定資産「工具器具備品」のうち量産金型について，減価償却の方法を定率法から定額法へ変更しております。この変更は量産金型に係る代金の回収方法が個別割掛方式から均等月割方式に概ね移行していること，及び量産金型の個別原価管理をより徹底することに伴い，当該収益と費用との対応をより明瞭に把握するためのものであります。 |
|---|---|

　最近の会計方針の変更を見ると，金型代金については，一定期間にわたり，定額で精算する取引が増えてきていることが分かります。これは，理論的にはショット償却により，部品や製品の製造にしたがって減価償却を行い，売上により回収していくことが考えられるとしても，後述する「2　金型補償の処理」のように，当初想定数量に到達しなかった場合の残存簿価や補償の問題，当初想定数量を超えた場合には償却終了後の金型を使用して製造するため仕切価格の改訂が生じること，部品メーカーの資金負担による資金繰りの悪化等に伴って生じる問題を避けるために，定額で精算する取引へと取引慣行が変わってきているということができるのかもしれません。

## ❺　有姿除却

　有姿除却は，固定資産を実際に廃棄せず，現状のまま除却処理する方法ですが，税務上，次のように定められています（法基7－7－2，連納基6－7－2，所基51－2の2）。

### 法人税基本通達7－7－2

　次に掲げるような固定資産については，たとえ当該資産につき解撤，破砕，廃棄等をしていない場合であっても，当該資産の帳簿価額からその処分見込価額を控除した金額を除却損として損金の額に算入することができるものとする。

(1)　その使用を廃止し，今後通常の方法により事業の用に供する可能性がないと認められる固定資産

(2)　特定の製品の生産のために専用されていた金型等で，当該製品の生産

> を中止したことにより将来使用される可能性のほとんどないことがその後の状況等からみて明らかなもの

### 1　損金算入額

　税務上，有姿除却として損金の額に算入することができる金額は，その資産の帳簿価額からその処分見込額を控除した金額です。

> 有姿除却として損金算入できる額
> ＝その資産の帳簿価額－その資産の処分見込額

　この金額の算定上，解体・撤去費用をあらかじめ見込んでその資産の処分見込額から控除して計算することは，税務上は原則として認められないものと考えられています。

### 2　金型等

　特定の製品の製造のための金型等については，「当該製品の生産を中止したことにより将来使用される可能性のほとんどないことがその後の状況等からみて」明らかな場合とされています。したがって，税務上は，「製品の生産を中止し」，かつ，「将来の使用見込みの可能性がその後の状況等から明らか」，であることが条件となります。このため，金型等について有姿除却を行うためには，税務上は，製品の生産を中止したのみでなく，その後の状況を検討することが必要となります。

　金型については量産終了後も数年間保有しておくことが必要な場合がほとんどであり，会計上の取扱い，管理上の取扱いも含めて検討することが必要です。

## 2　金型補償の処理

### ❶　金型補償の考え方

　金型補償は，部品の製造が当初予定した数量に満たなかった場合に，回収できなかった金型の取得原価を補償するものです。

自動車部品製造業については，特に言えることですが，自動車のモデルチェンジのためには数年間を要するため，その設計段階から部品メーカーが完成車メーカーと協力して原価企画等の手法を用いて原価を決めます。その原価を決める際に重要な要素のひとつは，予定製造・販売数量で，この予定製造・販売数量を基準に部品メーカーも投資を行い，予定製造・販売数量を達成した場合に投資を全額回収するという前提で計画を組みます。このため，予定製造・販売数量は，完成車メーカーが部品メーカーにある程度約束した数量という意味合いを持つこととなります。そこで，部品の製造が約束した数量に満たなかった場合には，投資の未回収部分について何らかの補償をするというのが金型補償の考え方であるということができます。

　例えば，金型の取得原価が10,000，予定数量が1,000であった部品について，予定数量を基準に販売価格を決めていたときに，実際の数量が700しかなかった場合には未回収額は次のようになります。

| ① 部品の予定製造数 | ② 実際数量 | ③ 未達数量 (①－②) | ④ 金型の取得原価 | ⑤ 回収金額 (④／①×②) | 未回収額 |
|---|---|---|---|---|---|
| 1,000 | 700 | 300 | 10,000 | 7,000 | 3,000 |

　このように予定数量に満たなかった場合に，未回収額について部品の納入先が部品メーカーに補償することが「金型補償」と呼ばれる取引です。

　仕訳例を示せば，次のようになります。

＜仕訳例＞

（金型補償を受ける側（部品メーカー側））

| （借）未 収 入 金 など | 3,000 | （貸）金型補償代など | 3,000 |
|---|---|---|---|

（金型補償を行う側（納入先側））

| （借）金型補償費など | 3,000 | （貸）未 払 金 など | 3,000 |
|---|---|---|---|

## ❷ 金型補償の具体的会計処理と表示

金型補償を受けたときの会計処理は，収益の計上処理と金型の償却後残高の処理とに分けて考えることができます。

1 収益の計上

| 計上区分 | 考　え　方 |
|---|---|
| (1) 売上高として計上 | 金型補償であっても営業活動の中で行われるものであること，実質的に金型を償却後簿価で売却した取引であると考えられること，当初予定した数量どおりであれば，販売価格に含めて売上として回収されたものであることなどの理由から，売上として計上するものです。<br>しかしながら，営業活動に伴うものではあるものの「補償」であること，実質的に売却と考えられるとしても取引として金型を売却（買取り）するものではないこと，仮に金型を売却する取引を行ったとしても，それ自体は固定資産の売却となることなどの問題点があります。 |
| (2) 営業外収益として計上 | 「補償」という性格から，営業外取引の性格を有するものであること，営業活動に伴って経常的に生じる可能性があること，上記売上計上の場合の問題点が生じないこと，などから営業外収益として計上する考え方です。ただし，実質的に金型の売却であると考えた場合には，固定資産売却に伴う収益であり，臨時かつ巨額の場合には，特別利益の方が望ましいとする考え方もあります。 |
| (3) 特別利益として計上 | 実質的に金型の売却であると考えると，固定資産の売却すなわち，臨時損益に属するものと考えられるため，特別利益項目であると考える考え方です。経常的に生じる場合には，営業外収益の方が望ましいと考えることもできます。 |

どの区分に計上するのかについては，取引の実態と費用収益の対応を考慮し，実態に合った方法を採用することが必要ですが，実際の取引では，(2)営業外収益として計上する方法が比較的多いものと考えられます。

2 金型の未償却残高の処理

金型補償を受ける場合の金型の未償却残高の処理には，次の処理が考えられます。

| 処　　理 | 考　え　方 |
|---|---|
| (1) 売上原価として計上 | 前述した1(1)の売上として計上する場合には，売上と対応させるため，一旦，貯蔵品等に計上した上で，売上原価として計上するものです。 |
| (2) 製造費用として計上 | 　金型の償却残高を一括して，あるいは従来の償却方法で償却し，製造費用とするものです。償却残高を一括して製造費用として計上する場合には，上記(1)と同様，売上原価処理されますが，従来の償却方法を続ける場合には，翌期以降の償却費は，収益（金型補償）と対応しなくなるという問題点も生じます。さらに，一括償却する場合でも，製造に伴う償却ではないため，製造費用として計上することの妥当性が問題となります。<br>　また，ショット償却を行っている場合には償却費が計上されず，一括して除却損などを計上する必要が生じます。この場合には，除却損を売上原価として計上するのか，営業外費用として計上するのか，それとも特別損失として計上するのかの検討が必要となります。 |
| (3) 営業外費用として計上 | 製造打ち切り部品の金型の未償却残高であることから，すでに通常の営業から離れたものとして，その償却額あるいは未償却残高全額（一括償却）を営業外費用として処理するものです。一括償却せず，耐用年数にわたって償却計算を行う場合には，翌期以降の償却額が収益と対応しないこととなるのは，(2)の場合と同様です。 |
| (4) 特別損失として計上 | 実質的に，金型の除却であると考えて，特別損失として計上するものです。 |

　未償却残高の費用計上あるいは損失計上については，収益の計上同様，その実態を十分に検討し，また，収益計上との整合性などを考慮して処理することが必要です。一般的に，収益を売上として計上している場合には，売上原価，収益を営業外収益として計上している場合には営業外費用として計上する等の方法が採用されているものと考えられます。

（公認会計士　成田智弘）

# 第3節　賃貸用不動産の会計処理と税務

　本節では「賃貸用不動産の会計処理と税務」というテーマで，賃貸用不動産について特有な会計処理と税務処理を解説していきます。
　不動産賃貸業における賃貸用不動産を中心に解説しますが，財務諸表等規則における投資不動産や国際財務報告基準（以下，「IFRS」）との関係についても説明したいと思います。

---
（対象となる業種）
　不動産賃貸業，投資不動産を保有する会社

---

## 1　賃貸用不動産の概念整理

　賃貸用不動産は，不動産賃貸業を営む会社では，事業の用に供されるものであるため有形固定資産に分類されることが一般的です。
　また，財務諸表等規則における投資不動産とは，会社の主たる事業目的のためではなく，賃貸収益獲得やキャピタル・ゲインの獲得を目的として保有する不動産をいいます（財務諸表等規則第33条）。したがって，会社が通常の営業目的のため保有する本社社屋や工場，不動産会社が賃貸目的で保有する不動産等は，会社の主たる営業目的のために保有している資産であるため投資不動産には含まれません。
　平成20年11月28日に企業会計基準委員会から「賃貸等不動産の時価等の開示に関する会計基準及び同適用指針」（以下，「本会計基準等」）が公表され，賃貸等不動産に関する時価開示が必要となりました。
　賃貸等不動産は棚卸資産に分類されている不動産以外のものであって，賃貸

収益又はキャピタル・ゲインの獲得を目的として保有される不動産と定義され，以下の不動産が含まれます。

> ① 貸借対照表において投資不動産（投資の目的で所有する土地，建物その他の不動産）として区分されている不動産
> ② 将来の使用が見込まれていない遊休不動産
> ③ 上記以外で賃貸されている不動産

不動産賃貸業の会社が保有する賃貸用不動産は，③に該当し，財務諸表等規則における投資不動産は，①に該当するため，両者とも賃貸等不動産に該当します。

本会計基準等は，国際会計基準（以下，「ＩＡＳ」）第40号「投資不動産」へのコンバージェンスを目的として制定された基準であり，賃貸等不動産は，ＩＦＲＳにおける投資不動産の概念に概ね近いものとなっています。ＩＦＲＳにおける投資不動産とは，賃貸収益若しくは資本増価又はその両方を目的として（所有者又はファイナンス・リースの借手が）保有する不動産をいいます。このように賃貸される不動産については，様々な概念が存在するので注意が必要です。

## 2　取得時の会計処理と税務

(1) 賃貸用不動産の取得

不動産を売買する場合には，不動産の売買代金以外に一般的に次のような諸費用が発生します。

> ① 登録免許税
> ② 司法書士報酬
> ③ 印紙税
> ④ 仲介手数料
> ⑤ 固定資産税・都市計画税の精算

⑥　不動産取得税

　会計上は固定資産を購入によって取得した場合には，購入代金に買入手数料，運送費，荷役費，据付費，試運転費等の付随費用を加えて取得原価とするとされています（連続意見書第三　四1）。上記①～⑥は不動産を取得するにあたり必要な付随費用と考えられますので，会計上は通常取得原価に含まれます。

　法人税法上の減価償却資産の取得価額は，他から購入したものについては，当該資産の購入代価及び当該資産を事業の用に供するために直接要した費用の額の合計額とされており（法令54），会計上の取扱いと大きく異なる点はないと考えられます。

　ただし，取得，保有に関連する支出であっても，登録免許税その他登記に関する費用については取得原価に算入しないことができるとされています（法基7－3－3の2）。よって上で列挙した①登録免許税，②司法書士報酬，③印紙税は登記に関する費用として取得原価に算入しないことができます。

　また上記の⑥不動産取得税についても取得原価に算入しないことができるとされています（法基7－3－3の2）。

　実務上は法人税上の処理に合わせ，会計処理上も①～③の登記費用や⑥不動産取得税を取得原価に算入しないケースも見られます。

## (2) 信託受益権の取得

　また現物の不動産を直接取得するのではなく，信託受益権の形で取得するケースもあります。これは，信託受益権を取得する場合は，資産の譲渡には該当しないため所有権移転に伴う登録免許税や不動産取得税が非課税になり（ただし信託の登記に係る登録免許税は発生します），現物の不動産を取得するのに比べ取得のコストが安く済むためです。

　信託財産である不動産が賃貸されている場合，信託受益権を取得した受益者は賃料収入から信託報酬や管理費を差し引かれた残りを信託配当として受け取ることができます。つまり信託報酬や管理費の費用がかかるものの，現物の不動産を取得し，賃貸しているのと同様な効果を得ることができます。

この場合，会計処理上も受益者は信託財産を直接取得したものとみなして処理します（実務対応報告第23号　信託の会計処理に関する実務上の取扱い　Ｑ３－４(1)）。

また，法人税上も同様に，受益者が信託財産を直接保有しているものとして課税されます。つまり信託財産に帰属する収入・費用は受益者が直接行う事業としての収入・費用となり，法人税の課税対象となります。

なお，信託受益権について詳しくは，第１章第５節「ＳＰＣを利用した取引の会計処理と税務」をご参照ください。

## 3　評価に係る会計処理と税務

賃貸用の不動産は，通常固定資産として分類されますので，「固定資産の減損に係る会計基準及び同実務指針」が適用されます。固定資産の減損とは，資産の収益性の低下により投資額の回収が見込めなくなった状態であり，減損処理とは，そのような場合に，一定の条件の下で回収可能性を反映させるように帳簿価額を減額する会計処理をいいます。

減損処理では，以下の４つのステップを経て行われます。

> ①　認識・測定をどの単位で行うかを決め（資産のグルーピング）
> 　　↓
> ②　その資産グループに減損の可能性があるかを判断し（減損の兆候の有無の判断）
> 　　↓
> ③　減損処理を行うかどうかを判断し（減損認識の判定）
> 　　↓
> ④　減損処理する金額を決める（減損損失の測定）

③，④については不動産賃貸業特有の留意点は想定されませんが，①，②については以下の点について留意すべきと考えます。

①の資産のグルーピングについて、不動産賃貸業においては、一般的に賃貸している土地やビル、マンションなどが対象になってきます。グルーピングの単位としては会社の管理状況に応じて賃貸物件（ビル）単位又は支店単位などによることが考えられます。

②の減損の兆候判定について、不動産賃貸業においては当該物件から得られるキャッシュ・フローが過去数年間マイナスになっている場合や、当該不動産の時価が著しく下落している場合などには減損の兆候があると考えられます。

一方、法人税法上、原則として固定資産の減損損失の損金算入は認められません。内国法人がその有する資産の評価換えをしてその帳簿価額を減額した場合には、その減額した部分の金額は、その内国法人の各事業年度の所得の金額の計算上、損金の額に算入しないとされているためです（法法33条1項）。

ただし災害による著しい損傷により当該資産の価額がその帳簿価額を下回ることになった場合や会社更生法などの規定に従ってその評価換えをする必要が生じたような場合の評価換えによる損失計上は損金の額に算入することとされています（法法33条2項）。これは会計上は臨時償却とされるようなケースです。

## 4　収益計上の会計処理と税務

### (1)　賃貸用不動産にかかる収益

不動産を賃貸している場合、不動産の貸主と借主の間で賃貸借契約が締結されており、この契約に基づいて賃貸借期間及び賃貸借料が定められています。会計上は一定の契約に従い継続して役務の提供を行う場合には、経過した期間に対応する金額を収益として役務提供の完了した日に計上するのが原則です。通常、賃貸借契約においては、月額賃料を取り決めるため、経過した期間に対応する1か月当たりの賃借料を毎月末に収益として計上することが実務的な処理になります。

なお、実務上は賃貸借契約に基づき、賃貸借料の翌月分を前受入金することが多いと考えられます。この場合、営業目的とするものの営業収益の前受額は、

貸借対照表において前受金として表示することになります（財務諸表等規則ガイドライン47－3）。

法人税法上は，資産の賃貸借契約に基づいて支払いを受ける使用料等の額は，前受けに係る額を除き，当該契約又は慣習によりその支払いを受けるべき日の属する事業年度の益金の額に算入するとされており（法基2－1－29），会計上の取扱いと大きく異なる点はないと考えられます。

(2) フリーレントの会計処理

また，賃貸用不動産にかかる収益の論点の一つにフリーレントの問題があります。フリーレントとは賃貸借契約の契約期間の最初の数か月分の賃借料を無料にする契約のことです。市況の悪化や高層ビルの建設ラッシュで競争が激化している昨今において以下の理由により広く活用されています。

① 空室を埋めるために賃借料を下げたいが，ある一部の部屋だけ賃借料を下げてしまうと既存入居者からの賃料下げ要求が発生し全体の賃借料を下げざるをえなくなる可能性がある。しかしフリーレント契約を用いれば賃借料を下げることなく同様の効果が得られる。
② 将来当該物件を売却する場合に，設定している賃借料が高いほど高く売れる傾向にあり，フリーレント契約を用いれば賃借料を下げる必要がない。

なお，フリーレント契約が用いられた場合，会計上以下の2つの処理が考えられます。①フリーレント期間について収益を認識しない方法と②フリーレント期間について収益を認識する方法です。

| ① フリーレント期間について収益を認識しない方法 | フリーレント期間は収益を認識せず，フリーレント期間終了後から収益を認識する方法。この場合，入金されるべき金額と収益計上額が一致するため，実務上の対応が容易。 |
|---|---|
| ② フリーレント期間について収益を認識する方法 | 契約金額の総額を，フリーレント期間を含む契約期間にわたって均等に按分して収益認識する方法。この場合，フリーレント期間を含んだ契約期間を通して収益と費用を対応させることができ，物件の収益性を反映させることができる。ただし入金さ |

| | れるべき金額と収益計上額が一致しないため，実務上の管理が煩雑。|

　一般的には実務上の対応が容易な，①のフリーレント期間について収益を認識しない方法が広く採用されていると思われますが，②のフリーレント期間について収益を認識する方法を採用すべき場合も考えられます。

　例えば中途解約した場合に残りの賃貸契約期間の賃借料を支払う必要があるような中途解約が不能のフリーレント契約の場合が考えられます。これは中途解約が不能である場合は賃貸契約を締結した時点で，賃貸期間に相当する賃貸料総額の支払いを受けるべき権利が確定していること，フリーレント期間であっても賃貸という役務の提供は行われていること，賃料は賃貸期間にわたって一律であることが一般的であることを考えると，賃貸借料の総額をフリーレント期間も含めた賃貸借期間で按分し，収益計上していくことが理論的であると考えられるからです。

　また中途解約が不能でない場合であっても，例えば6か月分の賃借料を無料にするような長期のフリーレント契約の場合は，②のフリーレント期間について収益を認識する方法を採用するのが妥当と考えられます。フリーレント期間が長期である場合は契約期間にわたる賃借料を実質的に下げていると考えるのが妥当だからです。

　実務上は金額的重要性も鑑みて，①フリーレント期間について収益を認識しない方法，②フリーレント期間について収益を認識する方法のどちらを採用するか決めることになると思われます。

　なお，IFRSで適用される解釈指針（以下，「SIC」）の第15号「オペレーティング・リース－インセンティブ」によれば，オペレーティング・リースの新規契約又は更新において，借手の契約締結を促すために貸手が初期リース料の割引やリース関連費用を負担する場合，貸手は，リース資産の使用価値が減少していく時間的経過を適切に表す他の規則的な方法がない限り，インセンティブ原価総額を賃貸料収入（総額）の控除として，リース期間にわたり定額法で認識する（SIC 15.4）とあります。

よってＩＦＲＳが適用された場合には，フリーレント契約がある場合，中途解約の可否やフリーレント期間の長短にかかわらず，②フリーレント期間について収益を認識する方法を採用することになります。

(3) 法人税法上のフリーレントの処理

先に述べたとおり，法人税法上，賃貸借契約による賃料収入の計上時期については「当該契約又は慣習によりその支払いを受けるべき日の属する事業年度の益金の額に算入する」とされている（法基 2－1－29）ため，①フリーレント期間について収益を認識しない方法で実際に支払いを受けた日に益金に算入してもよいように考えられます。

しかしながら，解約不能なフリーレント契約については，契約を締結した時点で，賃貸借期間にわたる賃料総額について支払いを受けるべき権利が確定しているとも考えられるため，②フリーレント期間について収益を認識する方法による益金算入が求められることも十分に考えられます。

## 5 財務諸表等規則における投資不動産

財務諸表等規則における投資不動産は貸借対照表上，取得価額をもって計上され，計上区分については会社が本来の営業目的で保有している有形固定資産と区分し，「投資その他の資産」の区分の「その他」に計上されます。投資不動産に金額的に重要性がある場合には，その内容を示す名称を付した科目をもって計上することとなります（財務諸表等規則第33条）。

また，投資不動産に係る賃貸料は投資不動産賃貸料として営業外収益に計上されます（財務諸表等規則ガイドライン90）。そのほか減価償却費は営業外費用に計上され，売却損益は特別損益に計上されます。

最後に，投資不動産の期末評価については，上述のとおり取得価額によるものとされていますが，投資不動産は減損会計の適用対象資産に該当しますので，減損の兆候があるような場合には減損処理の必要性の検討が必要になります。

# 6　開　　示

## (1) 賃貸等不動産の時価等の開示

　平成20年11月28日に企業会計基準委員会から「賃貸等不動産の時価等の開示に関する会計基準（以下，「賃貸等会計基準」）及び同適用指針（以下，「賃貸等適用指針」）」（以下，「本会計基準等」）が公表され，平成22年3月31日以後終了する事業年度の年度末に係る財務諸表から適用されます。

　本会計基準等の適用により賃貸等不動産についてその時価を注記事項として開示することになります。ここで時価とは通常，観察可能な市場価格に基づく価額をいい，市場価格が観察できない場合には，合理的に算定された価額をいいます（賃貸等会計基準第4項(1)）。さらに，合理的に算定された価額とは，「不動産鑑定評価基準」（国土交通省）による方法又は類似の方法に基づいて算定するとされています（賃貸等適用指針第11項）。

　そこで，実務上は「不動産鑑定評価基準」（国土交通省）による方法又は類似の方法の解釈が論点となります。これについて平成21年12月24日付で国土交通省から公表された「財務諸表のための価格調査の実施に関する基本的考え方」では，価格調査を「原則的時価算定」と「みなし時価算定」に分け，それぞれを用いるケースの峻別の基準や時価算定方法の指針が示されています。

　この中で，賃貸等不動産の時価等の注記に当たっては，「原則的時価算定」が求められており，重要性が乏しい場合のみ「みなし時価算定」の適用が容認されています。

図表 4 － 3　不動産鑑定評価基準による時価算定方法

| | 原 則 的 時 価 算 定 | みなし時価算定 |
|---|---|---|
| 総　　則 | 不動産鑑定評価基準に則った鑑定評価<br>以下の場合は例外<br>①　対象不動産に未竣工建物等（建設仮勘定）を含む場合<br>②　造成工事中又は建築工事中の完了後の状態を前提として行う場合<br>③　土壌汚染の可能性を考慮外とする場合<br>④　アスベスト等の有害物質の可能性を考慮外とする場合<br>⑤　埋蔵文化財又は地下埋設物の可能性を考慮外とする場合<br>⑥　過去に鑑定評価や原則的時価算定を行った不動産を再評価する場合 | 鑑定評価手法を選択的に適用し、または一定の評価額や適切に市場価格を反映していると考えられる指標等に基づき、企業会計基準等において求めることとされている不動産の価格を求めるもの |
| 賃貸等不動産の時価開示 | 重要性が乏しい場合以外 | 重要性が乏しい場合 |

(2)　預り敷金保証金の時価開示

　平成20年3月10日に改正企業会計基準第10号「金融商品に関する会計基準」及び企業会計基準適用指針第19号「金融商品の時価等の開示に関する適用指針」（以下，「改正会計基準等」）が公表され，平成22年3月31日以後終了する事業年度の年度末に係る財務諸表から適用されます。

　改正会計基準等の適用により従来の注記による有価証券やデリバティブ取引についての情報開示が，金銭債権や金銭債務等の金融商品全般に対象範囲が拡大されます。賃貸用不動産に関連する項目としては預り敷金保証金が考えられます。

　預り敷金保証金は，改正会計基準等の適用対象となる金融負債（他の企業に金融資産を引き渡す契約上の義務）に該当する場合に，原則として時価等の開示の対象になります。

　一方，将来返還されない預り保証金などは，償却により収益となる負債であり金融負債でないことから時価等の開示対象から除外されます。

時価は将来キャッシュ・フローを現在価値に割り引いて算定することが考えられますが，預り敷金保証金の償還時期をどのように判断するかが実務上の論点となります。預り敷金保証金の償還時期はテナントの意思や物件の利用可能期間や大規模修繕等に依存するため，通常見積もることは簡単ではないからです。

一般的に，預り敷金保証金の償還時期は以下のように対応することが考えられます。

---
① 契約期限を償還時期とみなす
② 償還時期を合理的に見積もる
③ 実質的な償還時期を見積もることは困難と判断する

---

例えば，定期賃貸借契約により，解約の時期が明確になっている場合には，①契約期限を償還時期とすることが考えられます。ただし一般の賃貸借契約においては，契約期限と解約日が必ずしも一致するとは限らないため，形式的に契約期限を償還時期とすることは合理的ではないことも少なくないと思われます。

また，現時点で償還予定時期が明確でないとしても過去の実績から返還予定時期等を見積もることができる場合や，耐用年数（建替）が近い場合などには，②実際の償還時期を合理的に見積もることができると考えられます。その場合，事業計画との整合性も考慮する必要があると考えられます。

しかしそうでない場合には，③状況等に鑑み，実質的な償還時期を見積もることは困難と判断することも考えられます。

## 7　賃貸等不動産の時価開示基準とＩＡＳ第40号の相違

近い将来，わが国においてもＩＦＲＳが導入されることが予想されます。ＩＦＲＳのなかでも賃貸用不動産に直接関連するのがＩＡＳ第40号「投資不動産」です。

IAS第40号は、「投資不動産」が、企業によって保有されるその他の資産とかなりの程度独立したキャッシュ・フローを生み出すことから、このような「投資不動産」の公正価値の変動を、毎期財務諸表に反映、又は開示することで、投資家の合理的な投資意思決定に資する情報を提供するために設定されています。

日本の実務とIAS第40号の相違は以下のとおりです。

図表4－4　日本の実務とIAS第40号の相違

| | 賃貸等不動産の時価開示基準 | IAS第40号 |
|---|---|---|
| 投資不動産（賃貸等不動産）の適用範囲 | 棚卸資産に分類されている不動産以外のものであって、賃貸収益又はキャピタル・ゲインの獲得を目的として保有されている不動産をいう | 賃貸収益若しくは資本増価又はその両方を目的として保有するもの。 |
| 当初認識後の測定 | 原価モデルのみ。<br>（注記のみのため特に明示された基準はない） | 原価モデルと、公正価値モデルの選択が可能。 |
| 公正価値モデルでの測定 | 該当基準なし | 公正価値モデルを選択する企業は、原則、すべての投資不動産を公正価値で評価しなければならない。<br>投資不動産の公正価値の変動は、発生した期の損益として処理される。 |

先に述べたとおり「賃貸等不動産の時価等の開示に関する会計基準及び同適用指針」はIAS第40号に対応して制定されているため、賃貸等不動産とIAS第40号における「投資不動産」の定義に大きな差はありません。ただしIAS第40号では、「投資不動産」の公正価値の変動を変動が生じた期の損益に反映させる公正価値モデルの選択適用も原価モデルとともに認めている点が日本の実務との大きな違いです。

また、IFRSを導入済みである欧州等の主要不動産会社の多くが公正価値モデルを採用しているとの調査結果もあるため、日本にIFRSが導入された場合の影響は小さくないかもしれません。

【参考文献】
- 『不動産取引の会計・税務Q&A』新日本有限責任監査法人　中央経済社
- 『完全比較　国際会計基準と日本基準』新日本有限責任監査法人　レクシスネクシス・ジャパン

(公認会計士　坂本　融)

# 第4節　資産除去債務の会計処理と税務

　本節で取り上げる「資産除去債務」は，鉄鋼業や非鉄金属業などの素材産業，機械製造業，電気機器業等で，有害物質等を法律等の要求による特別の方法で除去するという義務を負っている業種において特に問題となります。また，定期借地権契約で賃借した土地や賃貸建物等があれば，賃借した土地の上に建設した建物等を除去する義務や賃貸建物の原状回復義務等があるため，会社全般に当てはまるものです。

> （対象となる業種）
> 　鉄鋼業や非鉄金属業などの素材産業，機械製造業，電気機器業等で，有害物質等を法律等の要求による特別の方法で除去するという義務を負っている業種が対象となります。
> 　また，定期借地権契約で賃借した土地や賃貸建物等があれば，賃借した土地の上に建設した建物等を除去する義務や賃貸建物の原状回復義務等があるため，会社全般に該当します。

## 1　資産除去債務とは

　「資産除去債務」とは，有形固定資産の取得，建設，開発又は通常の使用によって生じ，当該有形固定資産の除去に関して法令又は契約で要求される法律上の義務及びそれに準ずるものをいいます。この場合の法律上の義務及びそれに準ずるものには，有形固定資産を除去する義務のほか，有形固定資産を除去する際に当該有形固定資産に使用されている有害物質等を法律等の要求による特別の方法で除去するという義務も含まれています。

なお，この場合に資産除去債務として計上の対象となるのは，有形固定資産の除却費用全体ではなく，有害物質の除去に直接関わる費用となっています。

また，土地の汚染除去義務が通常の使用によって生じた場合で，それが当該土地に建てられている建物や構築物等の資産除去債務と考えられるときには，資産除去債務として計上します。

さらに，定期借地権契約で賃借した土地の上に建設した建物等を除去する義務，鉱山等の原状回復義務，賃貸建物の原状回復義務なども資産除去債務として計上します。

## 2　従来から資産除去債務を引当金で計上してきた会計処理の例

こうした資産除去債務の典型例としては電力業における原子力発電施設の解体に伴う債務があり，「原子力発電施設解体引当金」として計上している例があります。

また，ポリ塩化ビフェニル（ＰＣＢ）や石綿（アスベスト）等の除去費用の支出に備えるため，今後発生すると見込まれる金額を引当金で計上している場合があります。「ＰＣＢ処理引当金」や「環境対策引当金」などの名称を使用して計上されているものです。

これらについては，今後は，資産除去債務として計上されるものが含まれていると考えられます。ただし，有形固定資産の除去が企業の自発的な計画のみによって行われる場合は，法律上の義務に準ずるものには該当しないこととなりますので，引当金の計上要件等に照らして必要な場合には引き続き引当金等として計上されるものと考えられます。

上記の状況はあるものの，従来から資産除去債務を引当金として計上しているケースについて，会計方針の記載例を示せば，次のようになります。

図表4-5 引当金としての記載例

| 引当金の名称例 | 会 計 方 針 の 記 載 例 |
|---|---|
| 原子力発電施設解体引当金 | 原子力発電施設の解体に要する費用に充てるため，解体費の総見積額を基準とする額を原子力の発電実績に応じて計上する方法によっております。 |
| PCB処理引当金，環境対策引当金など | PCB（ポリ塩化ビフェニル）の処分等にかかる支出の備えるため，今後発生すると見込まれる金額を計上しております。 |
| 建物除却引当金，建物等撤去引当金，工場解体費用引当金，固定資産解体費用引当金，固定資産除却損失引当金など | 定期借地上の建物を用いて主たる事業を行っている一部連結子会社は，定期借地契約期間の満了時に発生する建物等の除却損失及び解体費用に備えるため，合理的に見積もった額を契約期間で均等に計上することとしており，当連結会計年度末における経過期間分を計上しております。 |
| | 提出会社は，建物の解体に伴う支出に充てるため，合理的に見積もった解体費用見込額を計上しております。 |

## 3 資産除去債務に関する会計処理と税務の概要

### ❶ 資産除去債務に関する会計処理の概要

(1) 本会計基準における有形固定資産とは

　財務諸表等規則において有形固定資産に区分される資産のほか，それに準じる有形の資産を含みます。したがって，建設仮勘定やリース資産のほか，財務諸表等規則において「投資その他の資産」に分類されている投資不動産などについても，資産除去債務が存在している場合には，本会計基準の対象となることに留意する必要があります。

(2) 有形固定資産の「除去」とは

　有形固定資産の「除去」とは，有形固定資産を用役から除外すること（一時的に除外する場合を除く。）をいいます。除去の具体的な態様としては，売却，廃棄，リサイクルその他の方法による処分等が含まれ，転用や用途変更は含まれません。また，当該有形固定資産が遊休状態になる場合には除去に該当しません。さらに，有形固定資産の使用期間中に実施する環境修復や修繕は資産除去

債務の対象となりません。

(3) 資産除去債務の負債計上

資産除去債務は，有形固定資産の取得，建設，開発又は通常の使用によって発生した時に負債として計上します。

なお，資産除去債務の発生時に，当該債務の金額を合理的に見積ることができない場合には，これを計上せず，当該債務額を合理的に見積ることができるようになった時点で負債として計上します。

(4) 資産除去債務の算定

資産除去債務はそれが発生したときに，有形固定資産の除去に要する割引前の将来キャッシュ・フローを見積り，割引後の金額（割引価値）で算定します。なお，自己の支出見積りによる場合には，原状回復における過去の実績や，有害物質等に汚染された有形固定資産の処理作業の標準的な料金の見積りなどを基礎とすることになります。

(5) 資産除去債務に対応する除去費用の資産計上と費用配分

資産除去債務に対応する除去費用は，資産除去債務を負債として計上した時に，当該負債の計上額と同額を，関連する有形固定資産の帳簿価額に加えます。

資産計上された資産除去債務に対応する除去費用は，減価償却を通じて，当該有形固定資産の残存耐用年数にわたり，各期に費用配分します。

(6) 資産除去債務の見積りの変更

割引前の将来キャッシュ・フローに重要な見積りの変更が生じた場合の当該見積りの変更による調整額は，資産除去債務の帳簿価額及び関連する有形固定資産の帳簿価額に加減して処理します。資産除去債務が法令の改正等により新たに発生した場合も，見積りの変更と同様に取り扱います。

(7) 貸借対照表上の表示

資産除去債務は，貸借対照表後1年以内にその履行が見込まれ場合を除き，固定負債の区分に資産除去債務等の適切な科目名で表示します。貸借対照表後1年以内に資産除去債務の履行が見込まれる場合には，流動負債の区分に表示します。

## (8) 損益計算書上の表示

表にまとめると以下のとおりになります。

図表 4 - 6　損益計算書上の表示

| 項　　　　目 | 表　示　区　分 |
| --- | --- |
| 資産除去債務に対応する除去費用に係る費用配分額 | 関連する有形固定資産の減価償却費と同じ区分に含める |
| 時の経過による資産除去債務の調整額 | 関連する有形固定資産の減価償却費と同じ区分に含める |
| 資産除去債務の履行時に認識される資産除去債務残高と資産除去債務の決済のために実際に支払われた額との差額 | 原則として，資産除去債務に対応する除去費用に係る費用配分額と同じ区分に含める |

## (9) キャッシュ・フロー計算上の取扱い

資産除去債務を実際に履行した場合，その支出額についてはキャッシュ・フロー計算書上「投資活動によるキャッシュ・フロー」の項目として取り扱うこととされます。

## (10) 注記事項

資産除去債務の会計処理に関連して，重要性が乏しい場合を除き，次の事項を注記します。

- ・　資産除去債務の内容についての簡潔な説明
- ・　支出発生までの見込期間，適用した割引率等の前提条件
- ・　資産除去債務の総額の期中における増減内容
- ・　資産除去債務の見積りを変更したときは，その変更の概要及び影響額
- ・　資産除去債務は発生しているが，その債務を合理的に見積ることができないため，貸借対照表に資産除去債務を計上していない場合には，当該資産除去債務の概要，合理的に見積ることができない旨及びその理由

また，重要な資産除去債務を計上したときは，キャッシュ・フロー計算書に「重要な非資金取引」として注記を行うこととされます。

(11) 適用時期

本会計基準等は，平成22年4月1日以後開始する事業年度から適用します。ただし，平成22年3月31日以前に開始する事業年度から適用することができます。

## ❷ 資産除去債務に関する税務上の取扱い

税務上の取扱いについては，現在明文化されていませんので，現状適用した場合には，税務上加算処理することになります。

補足しますと，税効果会計の対象となり，資産計上された資産除去債務に対応する除去費用については，繰延税金負債を計上し，減価償却に対応して，繰延税金負債を取り崩します。一方，負債計上された資産除去債務については，繰延税金資産を計上します。なお，繰延税金資産の回収可能性については，「将来解消見込み年度が長期にわたる将来減算一時差異の取扱い」の定めを用いることができないと考えられ，会社区分や固定資産が除去される時期（スケジューリング）に依存してくることになります。

## 4 適用初年度の扱い

### ❶ 適用初年度の期首残高の算定

適用初年度における期首残高の算定は次のように行い，両者の差額は適用初年度において原則として特別損失に計上します。

① 適用初年度の期首における既存資産に関連する資産除去債務は，適用年度の期首時点における割引前将来キャッシュ・フローの見積り及び割引率により計算を行います。

② 適用初年度の期首における既存資産の帳簿価額に含まれる除去費用は，資産除去債務の発生時点における割引前将来キャッシュ・フローの見積り及び割引率が，適用初年度の期首時点と同一であったものとみなして計算した金額から，その後の減価償却額に相当する金額を控除した金額とします。

## ❷ 適用初年度の期首における引当金の残高の扱い

　適用初年度の期首における既存資産に関連する資産除去債務について引当金を計上している場合においても、資産除去債務及び関連する有形固定資産の期首残高は前述❶の①及び②に従って算定しますが、前期末における引当金の残高を資産除去債務の一部として引き継ぐこととされています。

## ❸ 会計基準の変更に伴う会計方針の変更

　本会計基準の適用については、会計基準の変更に伴う会計方針の変更として取り扱います。

## 5　具体的な資産除去債務の会計処理

　ここでは、一般的な会計処理例を紹介します。

### ❶ 資産除去債務の計上（X1期首）

| （借）有形固定資産 | 11,035 | （貸）現 金 預 金 | 10,000 |
|---|---|---|---|
|  |  | 資産除去債務 | 1,035[*1] |

＊1　有形固定資産の購入価額10,000（耐用年数5年、定額法）、除却時の支出見込額は1,200、割引率は3.0％。よって、将来キャッシュ・フロー見積額$1,200／(1.03)^5＝1,035$

### ❷ 時の経過による資産除去債務の増加と減価償却費（X1期末）

| （借）費用（利息費用） | 31[*2] | （貸）資産除去債務 | 31 |
|---|---|---|---|

＊2　$1,035×3.0％＝31$

| (借) 費用(減価償却費) | 2,207*³ | (貸) 減価償却累計額 | 2,207 |

*3　有形固定資産の減価償却費10,000／5年＋除却費用資産計上額1,035／5年
　　＝2,207

### ❸ 時の経過による資産除去債務の増加と減価償却費（X2期末）

| (借) 費用(利息費用) | 32*⁴ | (貸) 資 産 除 去 債 務 | 32 |

*4　(1,035＋31)×3.0％＝32

| (借) 費用(減価償却費) | 2,207*⁵ | (貸) 減価償却累計額 | 2,207 |

*5　有形固定資産の減価償却費10,000／5年＋除却費用資産計上額1,035／5年
　　＝2,207

### ❹ 時の経過による資産除去債務の増加と減価償却費（X3期末～X5期末累計額）

| (借) 費用(利息費用) | 102*⁶ | (貸) 資 産 除 去 債 務 | 102 |
| (借) 費用(減価償却費) | 6,621*⁷ | (貸) 減価償却累計額 | 6,621 |

*6　102＝33(X3期末)＋34(X4期末)＋35(X5期末)
*7　6,621＝2,207(X3期末)＋2,207(X4期末)＋2,207(X5期末)

### ❺ 除却と除却債務の履行（X5期末）

| (借) 減価償却累計額 | 11,035 | (貸) 有形固定資産 | 11,035 |
| (借) 資 産 除 去 債 務 | 1,200 | (貸) 現 金 預 金 | 1,260*⁸ |
| 　　　費用(履行差額) | 60 | | |

*8　除却に係る実際の支出は1,260。

## 6 建物等賃借契約に関連して敷金を支出している場合の処理

　建物等の賃借契約において，当該賃借建物等に係る有形固定資産（内部造作等）の除去などの原状回復が契約で要求されていることから，当該有形固定資産に関連する資産除去債務を計上しなければならない場合があります。この場合において，当該賃借契約に関連する敷金が資産計上されているときは，当該計上額に関連する部分について，当該資産除去債務の負債計上及びこれに対応する除去費用の資産計上に代えて，当該敷金の回収が最終的に見込めないと認められる金額を合理的に見積り，そのうち当期の負担に属する金額を費用に計上する方法によることができます。

### ❶　X１期首

| （借）敷　　　　　金 | 2,400 | （貸）現　金　預　金 | 2,400 |

　建物の賃貸借契約を締結し，敷金2,400を支払っていますが，敷金が計上されているため，ここでは，資産除去債務の負債計上及びこれに対応する除去費用の資産計上を行わない方法によることとしました。

### ❷　X１期末

| （借）費用(敷金の償却) | 240 | （貸）敷　　　　　金 | 240 |

　敷金のうち1,200について原状回復費用に充てられるため返還が見込めないとし，同種の賃貸借建物等の平均的な入居期間（5年）で費用配分することにしました。
　比較しやすいように5の除却時の支出見込額1,200と今回の方法の敷金のうち返還が見込めない金額1,200とを同じ金額にしてみました。これらを比べる

と，今回の方法の場合の方が実務上の負担が軽くなっていることが分かります。

## 7　資産除去債務の注記例

資産除去債務の注記例を示すと以下のとおりです。

### ❶　2X01年3月期の財務諸表における注記

> 当社は，2X00年4月1日にA製造所内の建設したB工場について，10年後に設備更新する予定となっており，当該設備の廃棄に当たりC法律によりD有害物質を除去する義務について資産除去債務を計上している。資産除去債務の見積りにあたり，使用見込期間は取得から10年間，割引率は3.0％を採用している。
> 　当事業年度において資産除去債務に計上した金額は1,488である。当事業年度末における資産除去債務残高は，上記金額1,488と時の経過による資産除去債務の調整額44の合計1,532である。

### ❷　2X05年3月期の財務諸表における注記

> 当社は，2X00年4月1日にA製造所内の建設したB工場について，10年後に設備更新する予定となっており，当該設備の廃棄に当たりC法律によりD有害物質を除去する義務について資産除去債務を計上している。資産除去債務の見積りにあたり，使用見込期間は取得から10年間，割引率は3.0％を採用している。当事業年度において，資産の除去時点において必要とされる除去費用が，固定資産取得時における見積額を大幅に超過する見込みであることが明らかになったことから，見積りの変更による増加額を2.5％で割り引き，変更前の資産除去債務残高に530加算している。当事業年度における資産除去債務の残高の推移は次のとおりである。

| | |
|---|---:|
| 期首残高 | 1,674 |
| 時の経過による調整額 | 52 |
| 見積りの変更による増加額 | 530 |
| 期末残高 | 2,256 |

## ❸ 2X10年3月期の財務諸表における注記

　当社は，2X00年4月1日にA製造所内の建設したB工場について，10年後に設備更新する予定となっており，当該設備の廃棄に当たりC法律によりD有害物質を除去する義務について資産除去債務を計上していた。資産除去債務の見積りにあたり，使用見込期間は取得から10年間，割引率は3.0％（見積りの変更による増加分は2.5％）を採用していた。当事業年度において，B工場の使用を終了したため，設備の廃棄にあわせてB工場のD有害物質の除去を行った。当事業年度における資産除去債務の残高の推移は次のとおりである。

| | |
|---|---:|
| 期首残高 | 2,528 |
| 時の経過による調整額 | 72 |
| 資産除去債務の履行による減少額 | △2,600 |
| 期末残高 | － |

## 8　ＩＦＲＳとの相違内容

今回の基準とＩＦＲＳの場合の相違を比較すると以下のとおりです。

図表４−７　日本基準とＩＦＲＳの相違

| 項　目 | 日　本　の　場　合 | ＩＦＲＳの場合 |
|---|---|---|
| 範囲 | 法律上の義務及びそれに準ずるもの | 必ずしも法律上の義務に限定されていない |
| 時の経過による変動額 | 関連する有形固定資産の減価償却と同じ区分に含める | 財務費用として損益計算書に計上される |
| リース物件（賃借資産） | リース資産も，資産除去債務が存在している場合には対象となる | 賃借資産の除去を行う義務について明示されていない |
| 開示 | 支払金額及び支払時期について不確実性の内容を注記しない | 支払金額及び支払時期について不確実性の内容を注記する |

## 9　適用初年度の会計処理

適用初年度の会計処理を検討してみると以下のようになると考えられます。

### ❶　適用初年度の会計処理例

上記５の状態で，Ｘ３期首を適用初年度として，この時の除却時の支出見込額は1,200，割引率は3.0％として，会計処理例を示すと以下のとおりとなります（Ｘ３期首＝Ｘ２期末）。

| （借）有形固定資産 | 621[*2] | （貸）資産除去債務 | 1,098[*1] |
|---|---|---|---|
| 　　　特　別　損　失 | 477 | | |

＊１　資産除去債務　　1,035＋31＋32＝1,098
＊２　有形固定資産　　1,035−207−207＝621

## ❷ 適用初年度の期首における引当金の残高がある場合の会計処理例

❶の状態で，さらに前期末に既存資産に関連する資産除去債務について引当金1,200を計上している場合の会計処理例は次のとおり。

① Ｘ３期首（その１）

| （借）引　当　金 | 477 | （貸）特　別　損　失 | 477 |

❶の会計処理後に，❷①の会計処理をします。引当金残高が資産除去債務の一部に充当される結果，適用初年度に計上される特別損失は少なく計上されます。

Ｘ３期首（その２）の前に，Ｘ３期末の処理を先に説明します。

② Ｘ３期末

| （借）費用（利息費用） | 33 | （貸）資産除去債務 | 33 |
| （借）費用（減価償却費） | 207 | （貸）減価償却累計額 | 207 |

Ｘ３期末は資産除去債務及び関連する有形固定資産残高は引当金残高がない場合と同様に算定します。このため，資産除去債務の残高に基づいて計算される利息費用及び除去費用の資産計上に基づいて計算される減価償却費は，引当金残高がない場合と同額が計上されることになります。

③ Ｘ３期首（その２）

| （借）引　当　金 | 723 | （貸）引当金戻入益 | 723[*1] |

資産除去債務に関する会計基準を適用することにより，当該引当金の計上根拠はなくなり「資産除去債務」を上回る金額を全額取崩す必要があると考えます。また，引当金戻入益を利息費用や減価償却費と相殺することはできないと考えます。

＊1　1,200（引当金）－477（Ｘ３期首）＝723

（公認会計士　加藤秀満）

## ●編者紹介

### アーンスト・アンド・ヤングについて

アーンスト・アンド・ヤングは，アシュアランス，税務，トランザクションおよびアドバイザリーサービスの分野における世界的なリーダーです。全世界の14万4千人の構成員は，共通のバリュー（価値観）に基づいて，品質において徹底した責任を果します。私どもは，クライアント，構成員，そして社会の可能性の実現に向けて，プラスの変化をもたらすよう支援します。

「アーンスト・アンド・ヤング」とは，アーンスト・アンド・ヤング・グローバル・リミテッドのメンバーファームで構成されるグローバル・ネットワークを指し，各メンバーファームは法的に独立した組織です。アーンスト・アンド・ヤング・グローバル・リミテッドは，英国の保証有限責任会社であり，顧客サービスは提供していません。詳しくは，www.ey.com にて紹介しています。

### 新日本有限責任監査法人

新日本有限責任監査法人は，アーンスト・アンド・ヤングのメンバーファームです。全国に拠点を持ち，日本最大規模の人員を擁する監査法人業界のリーダーです。品質を最優先に，監査および保証業務をはじめ，各種財務関連アドバイザリーサービスなどを提供しています。アーンスト・アンド・ヤングのグローバル・ネットワークを通じて，日本を取り巻く世界経済，社会における資本市場への信頼を確保し，その機能を向上するため，可能性の実現を追求します。詳しくは，www.shinnihon.or.jp にて紹介しています。

### 新日本アーンスト アンド ヤング税理士法人について

新日本アーンスト アンド ヤング税理士法人は，長年にわたり培ってきた経験と国際ネットワークを駆使し，常にクライアントと協力して質の高いグローバルなサービスを提供しております。企業のニーズに即応すべく，国際税務，M&A，組織再編や移転価格などをはじめ，税務アドバイザリー・税務コンプライアンスの専門家集団として質の高いサービスを提供しております。詳しくは，www.eytax.jp にて紹介しています。

編者との契約により検印省略

| 平成22年11月1日　　初版第1刷発行 | 業種，組織形態等に特有な<br>会計と税務 |

|  |  |
|---|---|
| 編　　者 | 新日本有限責任監査法人<br>新日本アーンスト アンド<br>ヤング 税理士法人 |
| 発行者 | 大　坪　嘉　春 |
| 印刷所 | 税経印刷株式会社 |
| 製本所 | 株式会社　三森製本所 |

| 発行所 | 〒161-0033 東京都新宿区<br>下落合2丁目5番13号 | 株式<br>会社　税務経理協会 |
|---|---|---|
|  | 振替　00190-2-187408<br>ＦＡＸ(03)3565-3391 | 電話(03)3953-3301(編集部)<br>　　(03)3953-3325(営業部) |
|  | URL　http://www.zeikei.co.jp/ |  |
|  | 乱丁・落丁の場合は，お取り替えいたします。 |  |

© 2010　Ernst & Young ShinNihon LLC　　　Printed in Japan
　　　　　Ernst & Young Shinnihon Tax
All Rights Reserved.

本書を無断で複写複製(コピー)することは，著作権法上の例外を除き，禁じられ
ています。本書をコピーされる場合は，事前に日本複写権センター(JRRC)の
許諾を受けてください。

JRRC 〈http://www.jrrc.or.jp　eメール：info@jrrc.or.jp　電話：03-3401-2382〉

ISBN978-4-419-05574-5　C3063